Angle Classification and Measurement

6th Grade Geometry Books

Vol I

Children's Math Books

Speedy Publishing LLC
40 E. Main St. #1156
Newark, DE 19711
www.speedypublishing.com

ANGLE CLASSIFICATION

NAME: ______________________________

Classify each angle as acute, obtuse, right, or straight.

EXERCISE
1

1) 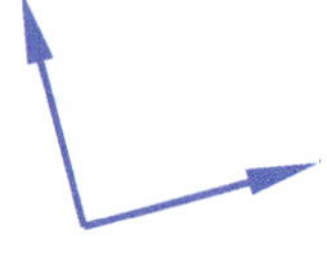 ______________

2)  ______________

3) 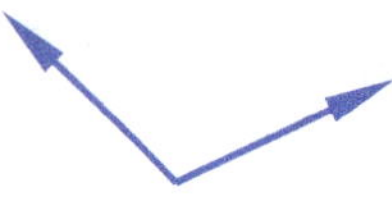 ______________

4)  ______________

5)  ______________

NAME: ______________________________

Classify each angle as acute, obtuse, right, or straight.

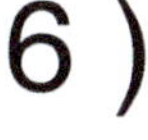

6)

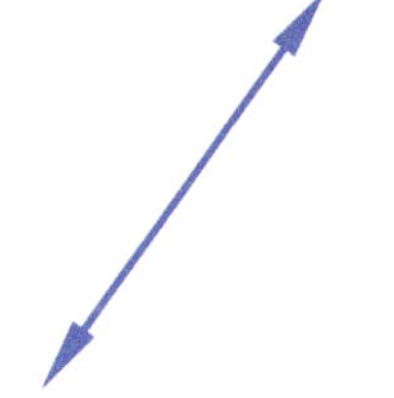

____

7)

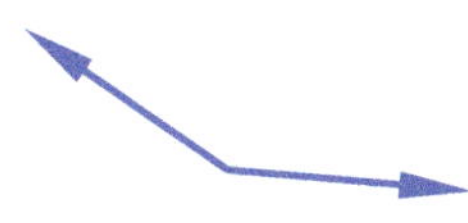

____

8)

____

9)

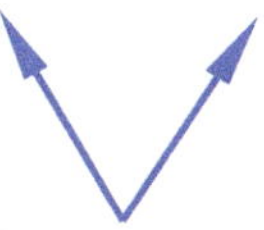

____

10)

____

NAME: ______________________________

Classify each angle as acute, obtuse, right, or straight.

EXERCISE
2

1) ______________

2) ______________

3) ______________

4) ______________

5) ______________

NAME: ______________________________

Classify each angle as acute, obtuse, right, or straight.

6) ____________

7)  ____________

8) 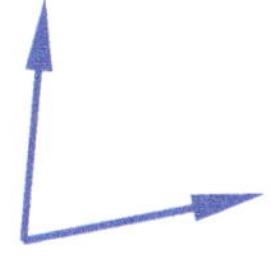 ____________

9) 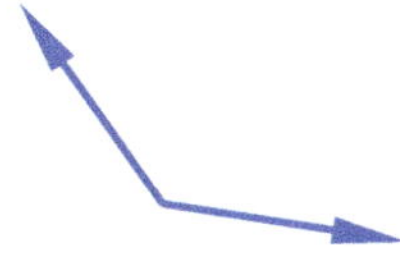 ____________

10)  ____________

NAME: ______________________________

Classify each angle as acute, obtuse, right, or straight.

EXERCISE 3

1) 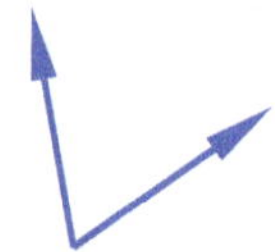 ____________

2) 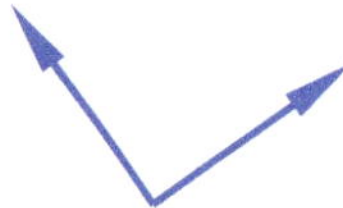 ____________

3)  ____________

4)  ____________

5)  ____________

NAME: ______________________________

Classify each angle as acute, obtuse, right, or straight.

6)

7) ____________

8) ____________

9) ____________

10) ____________

NAME: ______________________________

Classify each angle as acute, obtuse, right, or straight.

EXERCISE 4

1) ____________

2) ____________

3) ____________

4) ____________

5) ____________

NAME: ______________________________

Classify each angle as acute, obtuse, right, or straight.

6)  ____________

7)  ____________

8)  ____________

9) 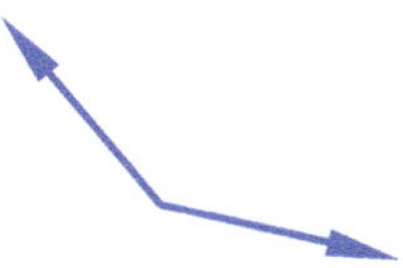 ____________

10) 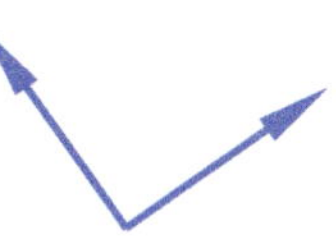 ____________

NAME: ______________________________

Classify each angle as acute, obtuse, right, or straight.

EXERCISE
5

1) 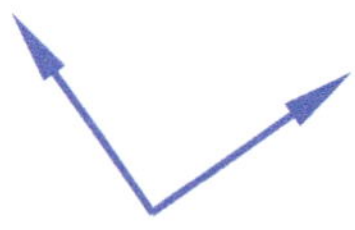 __________

2)  __________

3)  __________

4)  __________

5)  __________

NAME: ______________________________

Classify each angle as acute, obtuse, right, or straight.

6)  ______________

7) ______________

8) ______________

9) ______________

10) ______________

NAME: ______________________________

Classify each angle as acute, obtuse, right, or straight.

EXERCISE 6

1)  ____________

2) 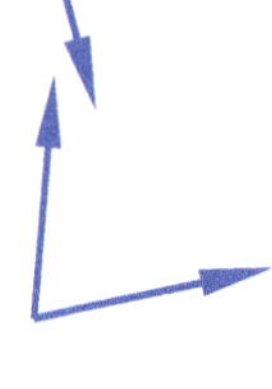 ____________

3)  ____________

4) 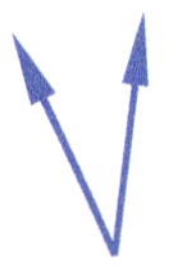 ____________

5) 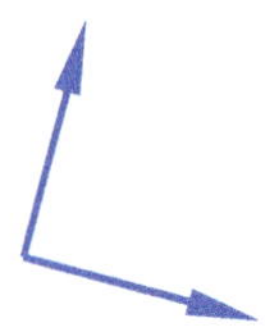 ____________

NAME: ______________________________

Classify each angle as acute, obtuse, right, or straight.

6)  ____________

7) ____________

8)  ____________

9) ____________

10) ____________

NAME: ______________________________

Classify each angle as acute, obtuse, right, or straight.

EXERCISE 7

1)  ______________

2) 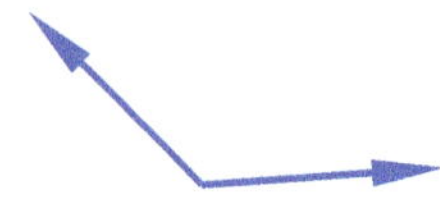 ______________

3) 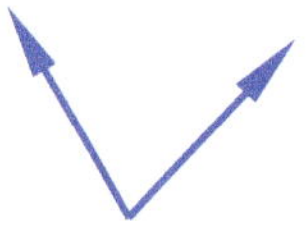 ______________

4) 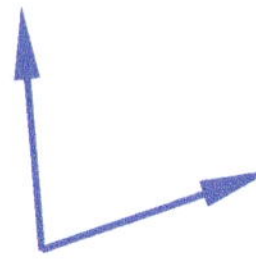 ______________

5) 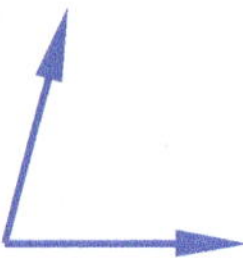 ______________

NAME: ______________________________

Classify each angle as acute, obtuse, right, or straight.

6)  ______________

7) ______________

8) ______________

9) ______________

10) ______________

NAME: ____________________________

Classify each angle as acute, obtuse, right, or straight.

EXERCISE

8

1) ____________

2) ____________

3) ____________

4) ____________

5) ____________

NAME: ______________________________

Classify each angle as acute, obtuse, right, or straight.

6) 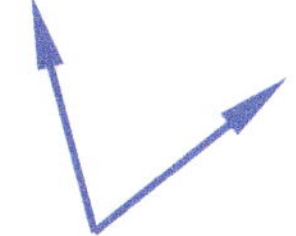 ____________

7) 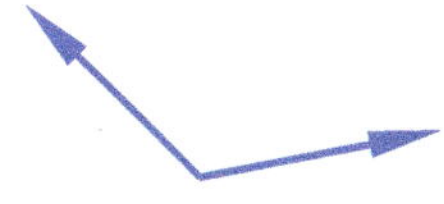 ____________

8)  ____________

9)  ____________

10)  ____________

NAME: ______________________________

Classify each angle as acute, obtuse, right, or straight.

EXERCISE 9

1) 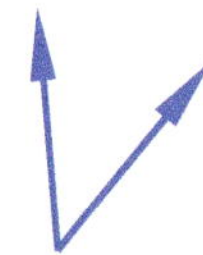 ____________

2)  ____________

3)  ____________

4) 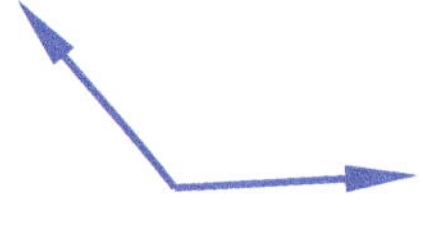 ____________

5) 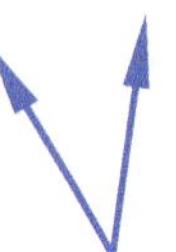 ____________

NAME: ____________________

Classify each angle as acute, obtuse, right, or straight.

6)  ____________

7) ____________

8)  ____________

9) ____________

10) ____________

NAME: ______________________________

Classify each angle as acute, obtuse, right, or straight.

EXERCISE 10

1) 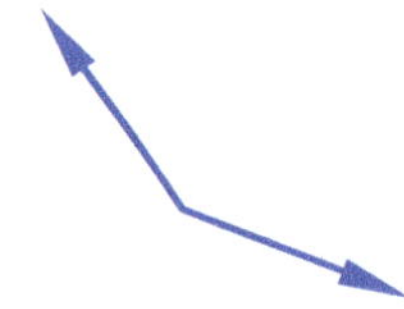 ______________

2) 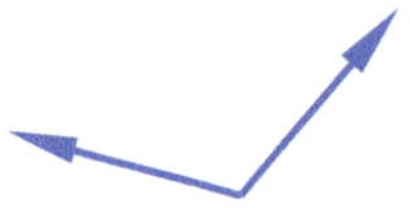 ______________

3) 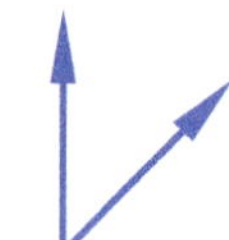 ______________

4)  ______________

5)  ______________

NAME: ____________________________________

Classify each angle as acute, obtuse, right, or straight.

6) 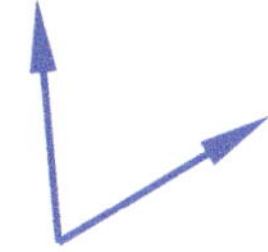 ______________

7)  ______________

8)  ______________

9) 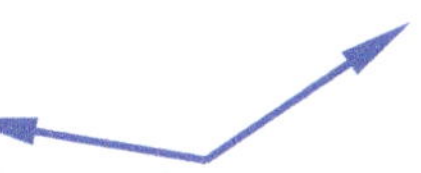 ______________

10) 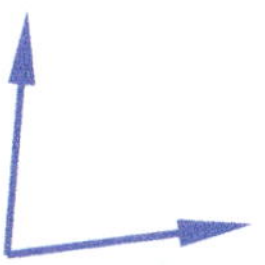 ______________

NAME: ______________________

Classify each angle as acute, obtuse, right, or straight.

EXERCISE 11

1) ____________

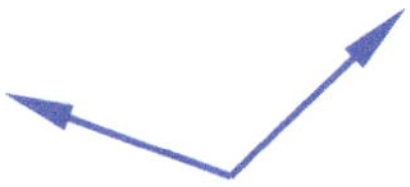

2) ____________

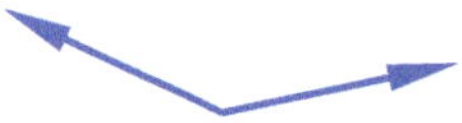

3) ____________

4) ____________

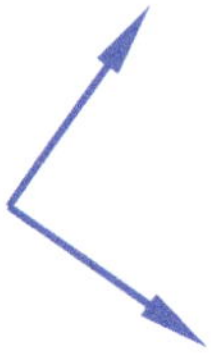

5) ____________

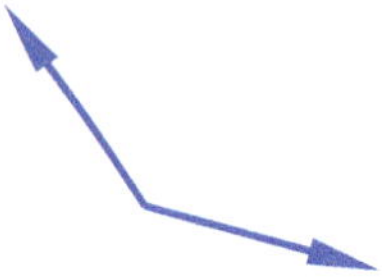

NAME: ______________________________

Classify each angle as acute, obtuse, right, or straight.

6) 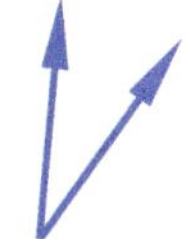 ____________

7) 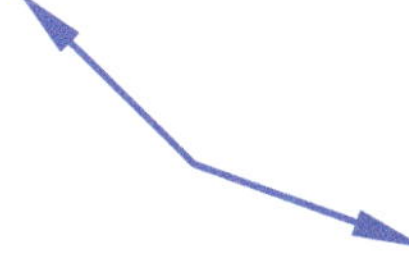 ____________

8) 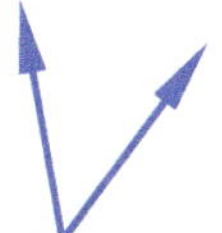 ____________

9) 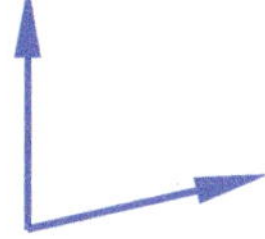 ____________

10) 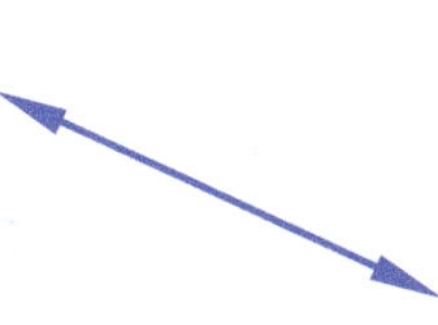 ____________

NAME: ______________________________

Classify each angle as acute, obtuse, right, or straight.

EXERCISE 12

1) 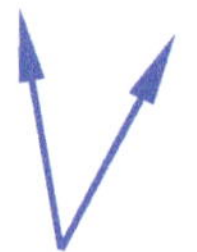 ____________

2) 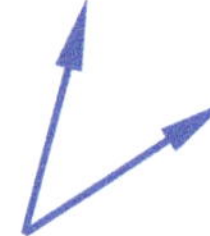 ____________

3) 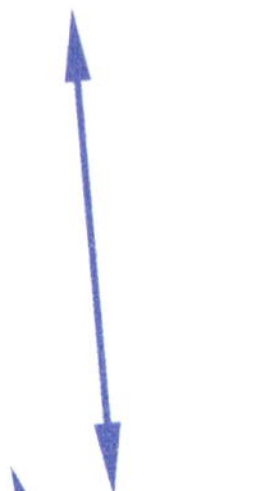 ____________

4) 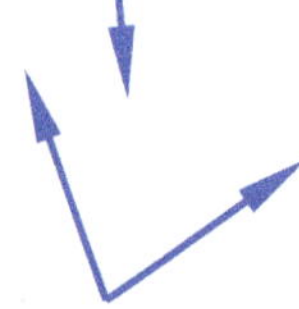 ____________

5) 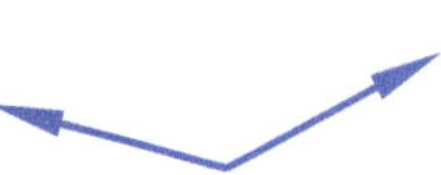 ____________

NAME: ______________________________

Classify each angle as acute, obtuse, right, or straight.

6)  ____________

7) ____________

8) ____________

9) ____________

10) ____________

NAME: ______________________________

Classify each angle as acute, obtuse, right, or straight.

EXERCISE 13

1) ______________

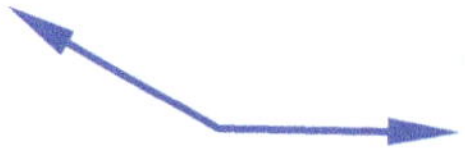

2) ______________

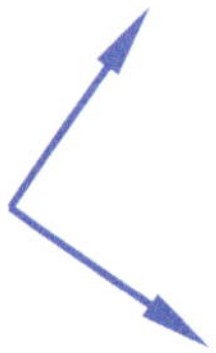

3) ______________

4) ______________

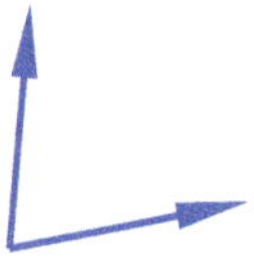

5) ______________

NAME: ______________________________

Classify each angle as acute, obtuse, right, or straight.

6)  ____________

7)  ____________

8)  ____________

9) ____________

10) ____________

NAME: ______________________________

Classify each angle as acute, obtuse, right, or straight.

EXERCISE

14

1) ____________

2) ____________

3) ____________

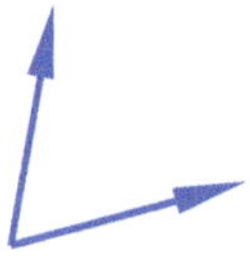

4) ____________

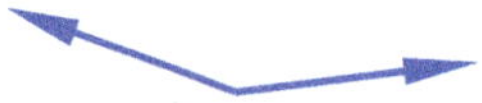

5) ____________

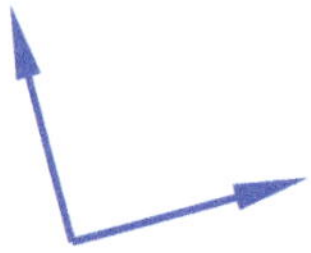

NAME: ______________________________

Classify each angle as acute, obtuse, right, or straight.

6)  ______________

7) 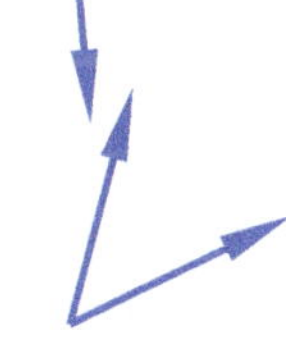 ______________

8) 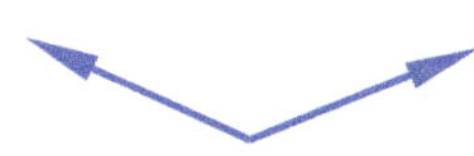 ______________

9) 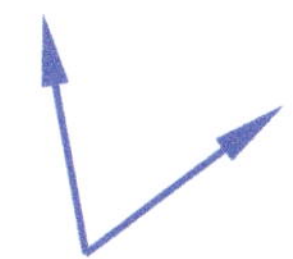 ______________

10) 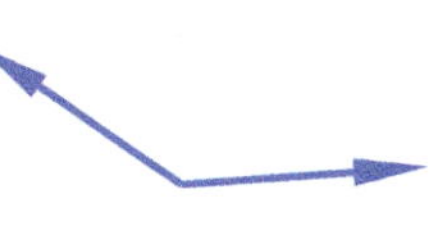 ______________

NAME: ______________________________

Classify each angle as acute, obtuse, right, or straight.

EXERCISE 15

1) ____________

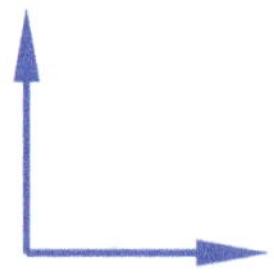

2) ____________

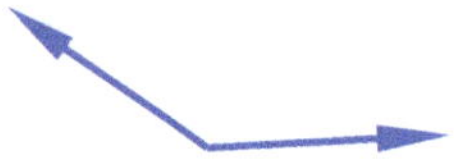

3) ____________

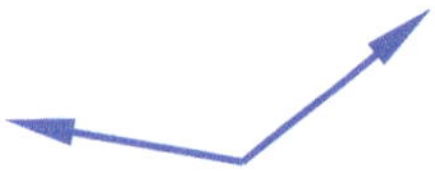

4) ____________

5) ____________

NAME: ______________________________

Classify each angle as acute, obtuse, right, or straight.

6)  ______________

7)  ______________

8)  ______________

9) 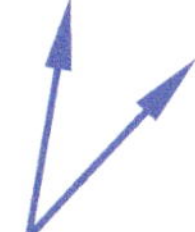 ______________

10) 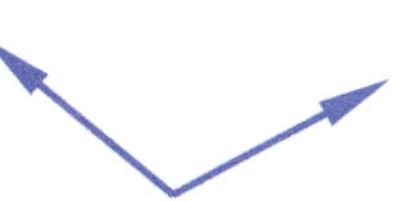 ______________

Missing Angle Measurement

NAME: ______________________________

EXERCISE 1

Find the missing angle measurement in each set of complementary angles.

1)
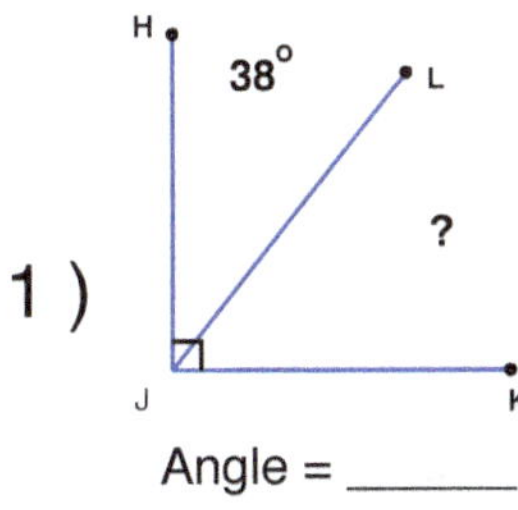

Angle = ______

2)
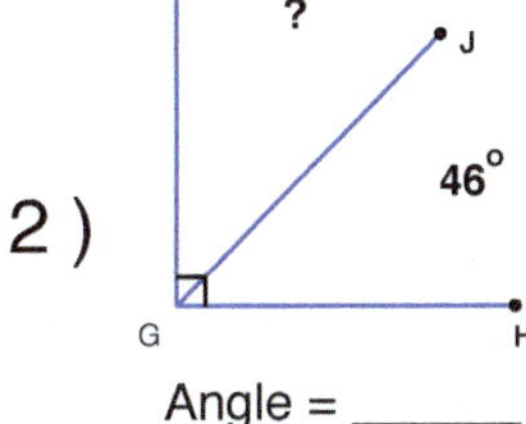

Angle = ______

3)
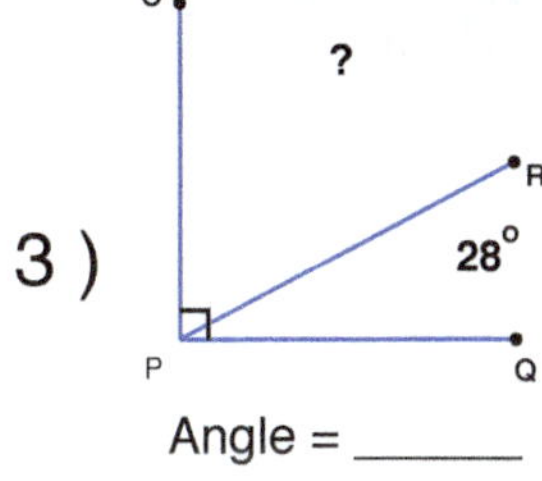

Angle = ______

4)
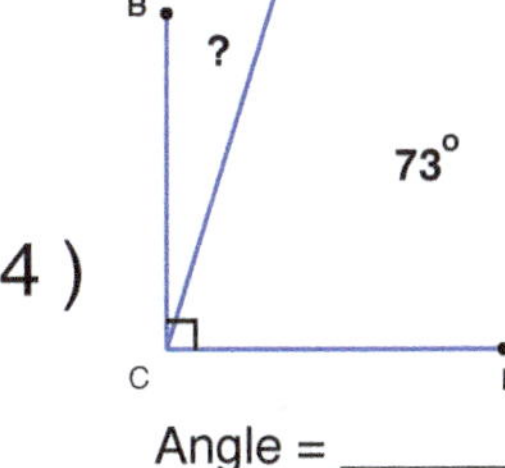

Angle = ______

5)
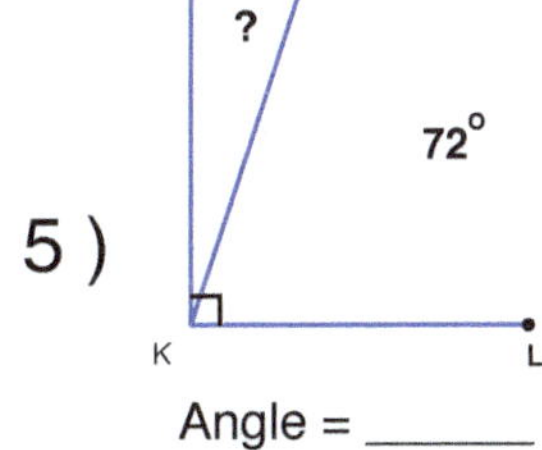

Angle = ______

6)
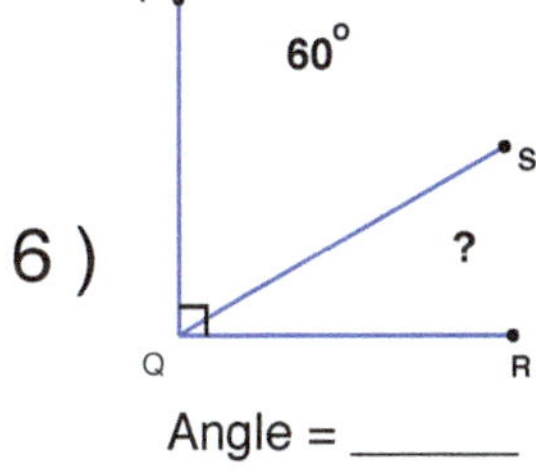

Angle = ______

7)
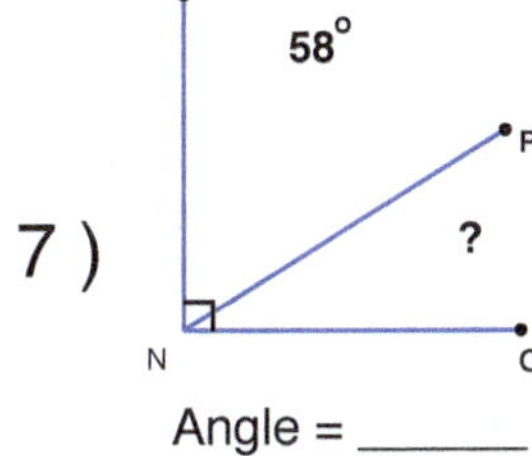

Angle = ______

8)
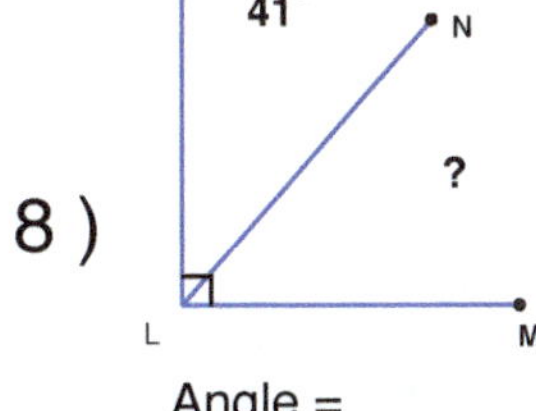

Angle = ______

9)
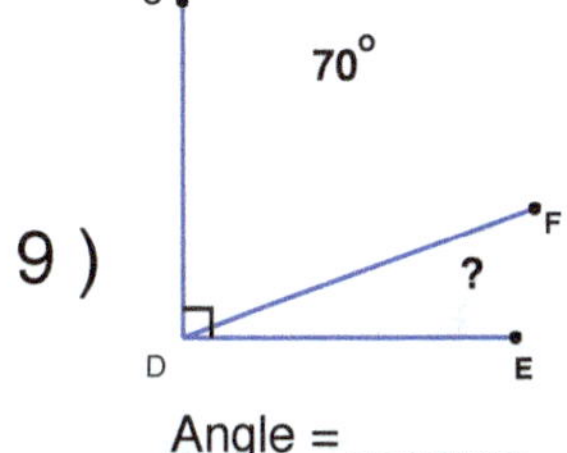

Angle = ______

NAME: ____________________

EXERCISE 2

Find the missing angle measurement in each set of complementary angles.

1)
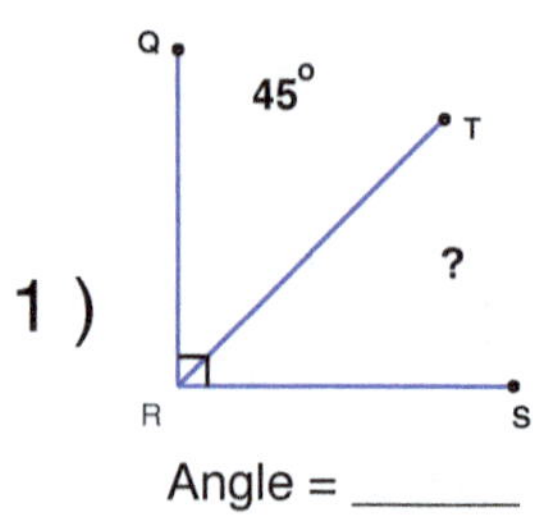

Angle = ______

2)

P S ? 73° Q R

Angle = ______

3)
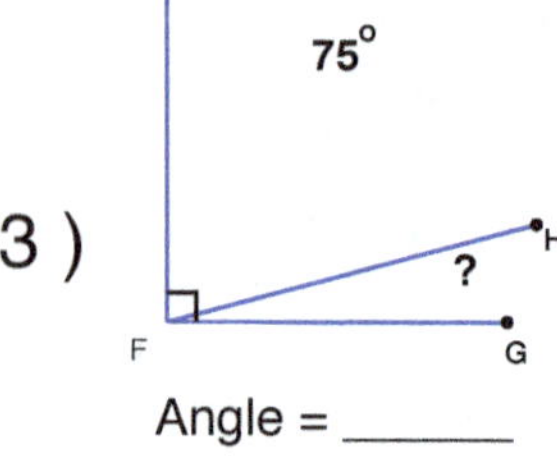

Angle = ______

4)
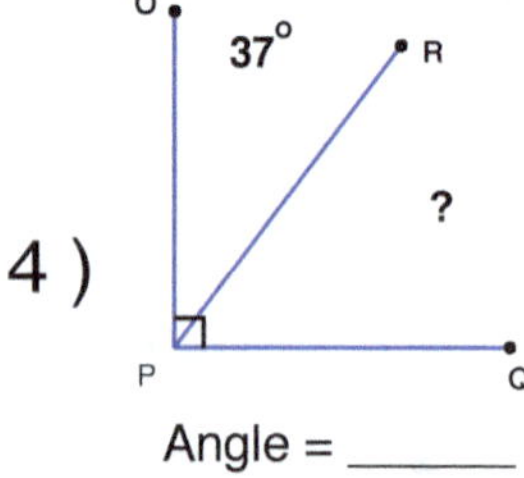

Angle = ______

5)
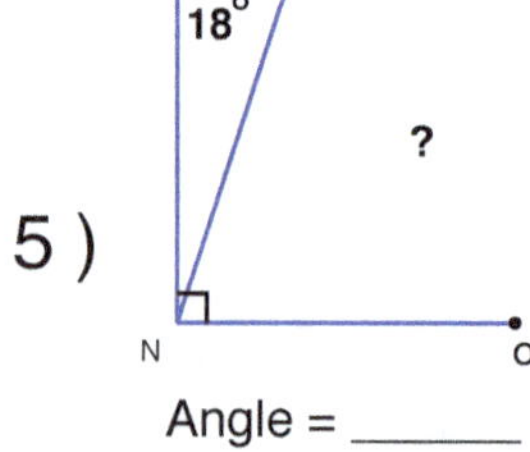

Angle = ______

6)
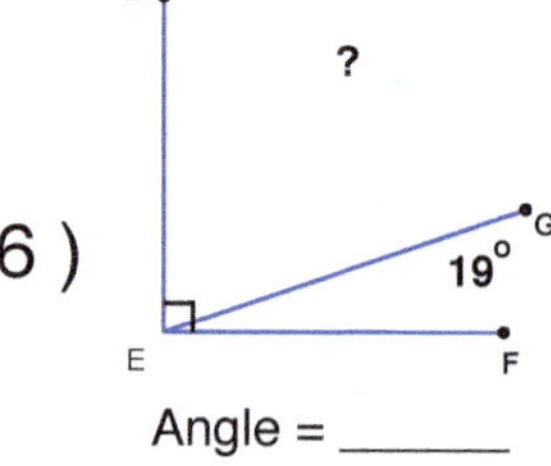

Angle = ______

7)
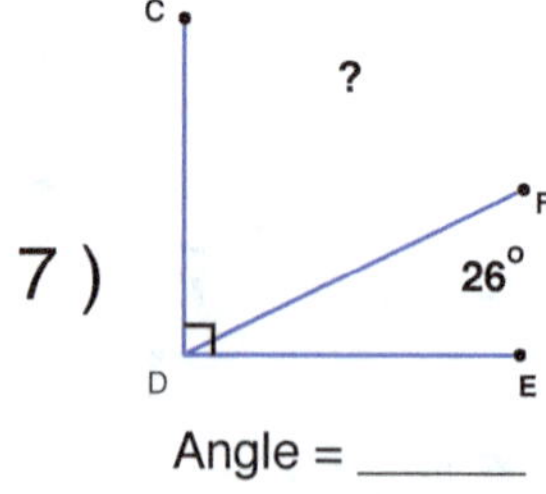

Angle = ______

8)
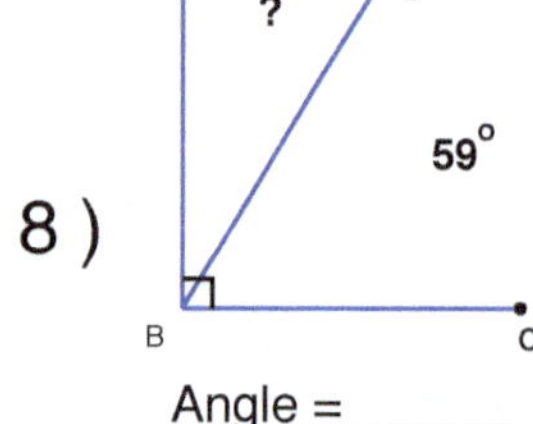

Angle = ______

9)
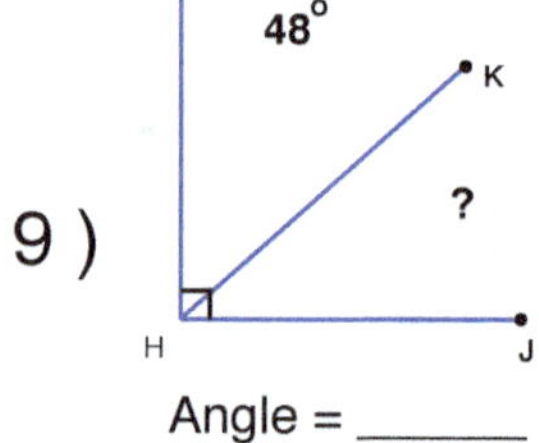

Angle = ______

EXERCISE 3

NAME: ______________________________

Find the missing angle measurement in each set of complementary angles.

1)
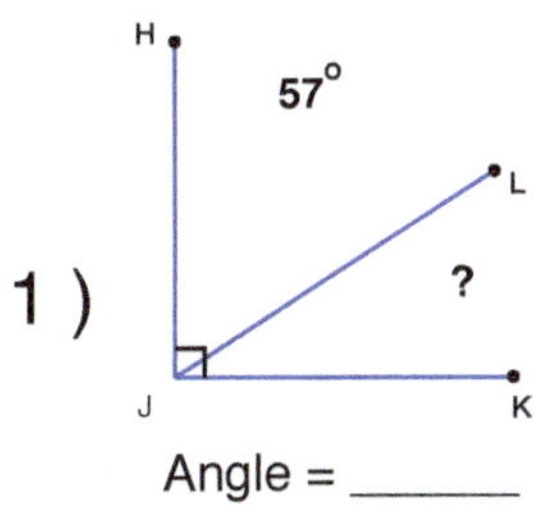

Angle = ______

2)
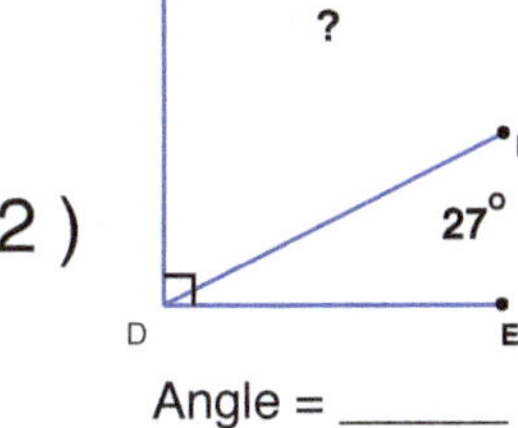

Angle = ______

3)
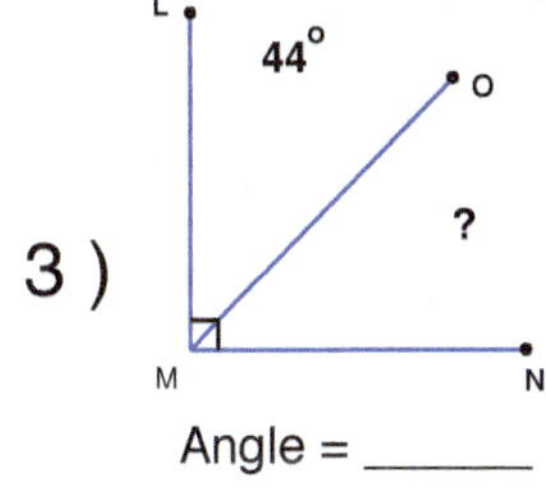

Angle = ______

4)
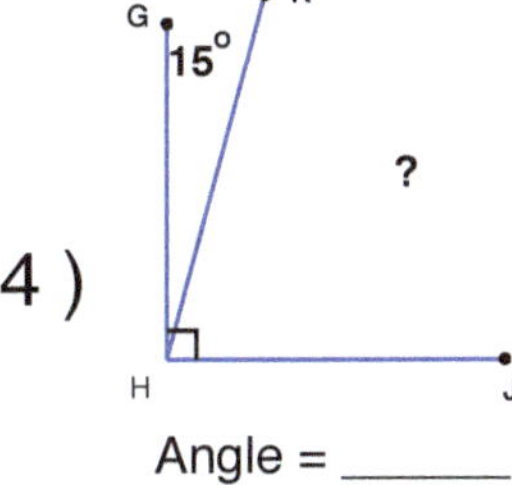

Angle = ______

5)
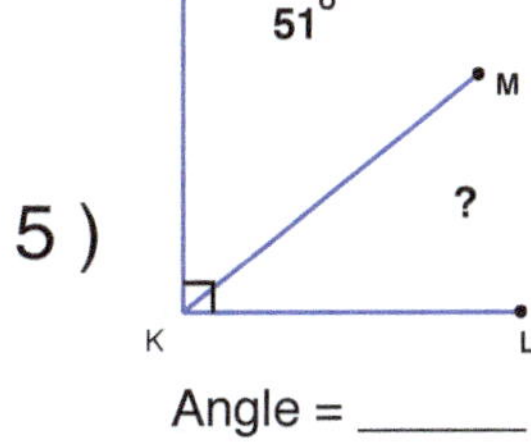

Angle = ______

6)
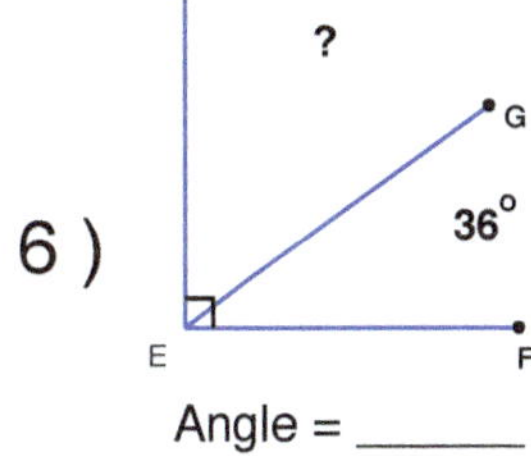

Angle = ______

7)
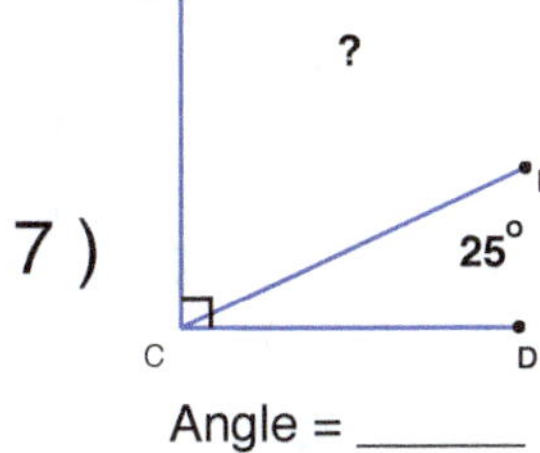

Angle = ______

8)
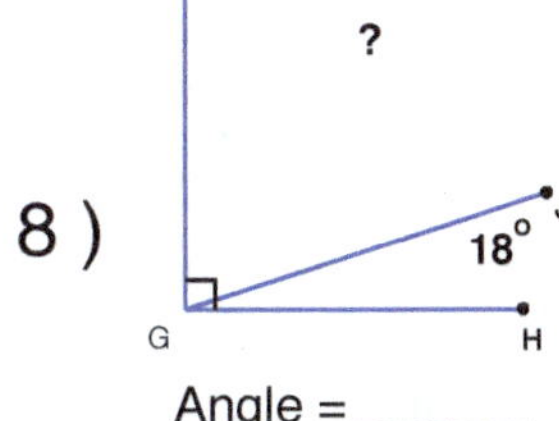

Angle = ______

9)
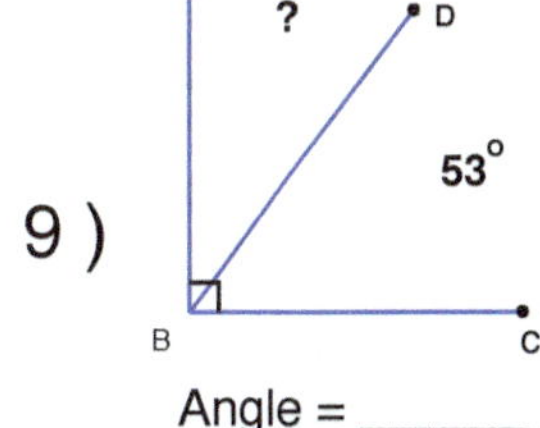

Angle = ______

NAME: ______________________________

Find the missing angle measurement in each set of complementary angles.

EXERCISE 4

1)

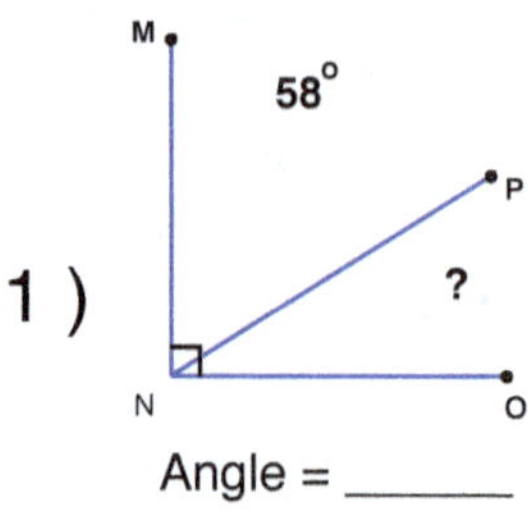

Angle = ______

2)

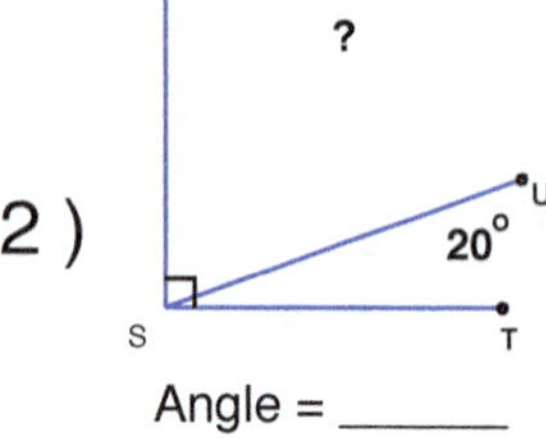

Angle = ______

3)

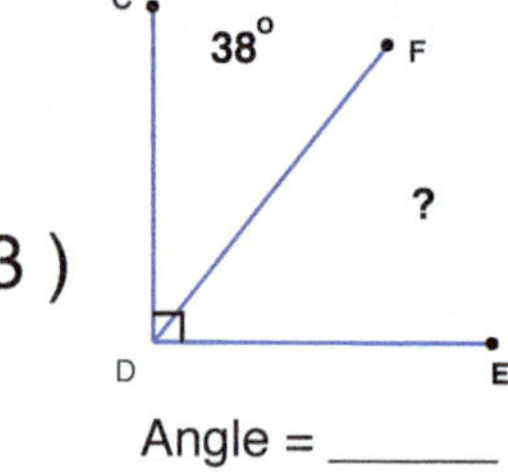

Angle = ______

4)

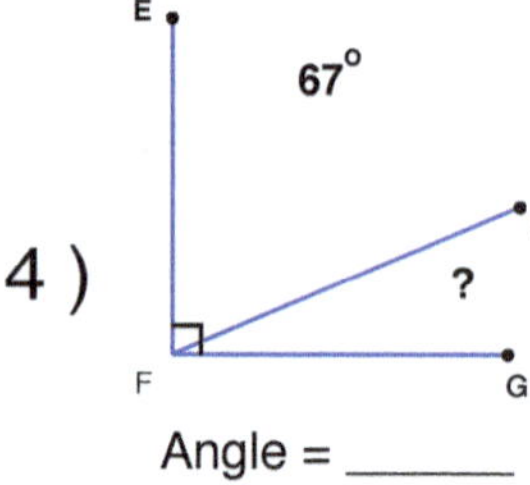

Angle = ______

5)

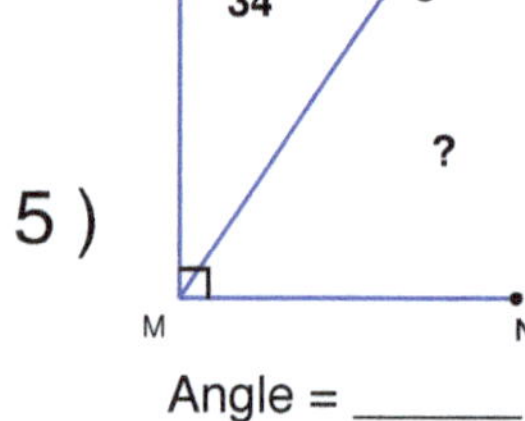

Angle = ______

6)

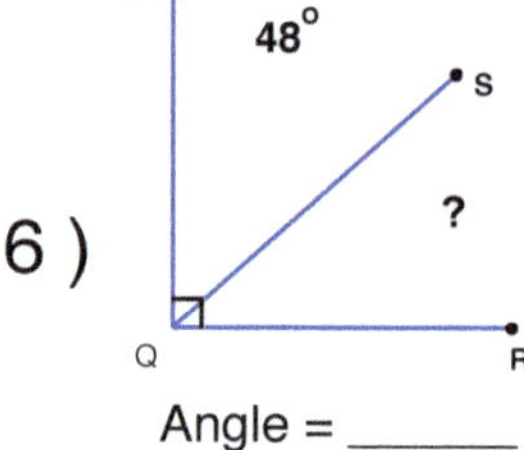

Angle = ______

7)

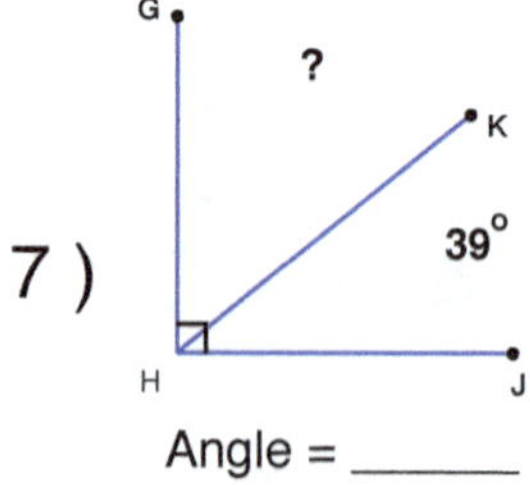

Angle = ______

8)

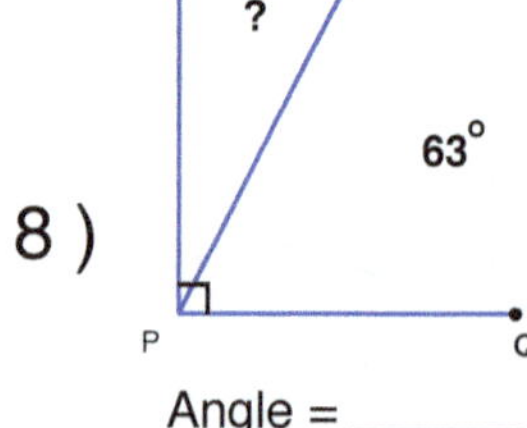

Angle = ______

9)

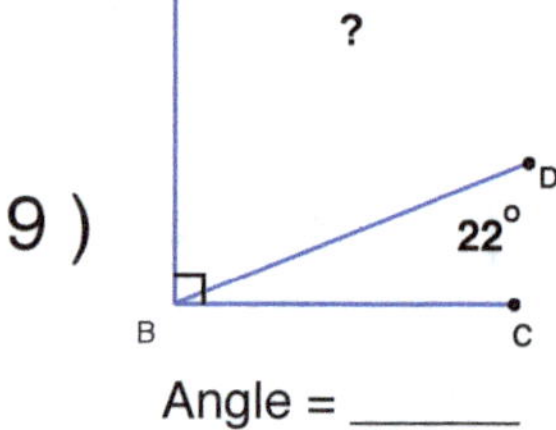

Angle = ______

NAME: ______________________________

Find the missing angle measurement in each set of complementary angles.

EXERCISE 5

1)

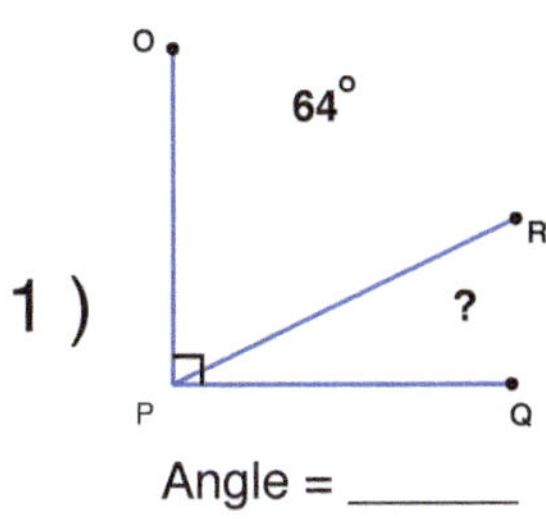

Angle = _______

2)

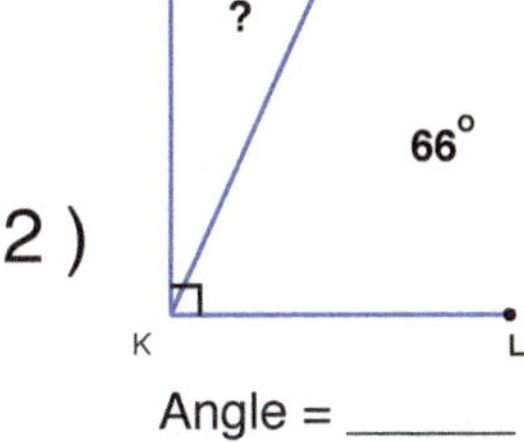

Angle = _______

3)

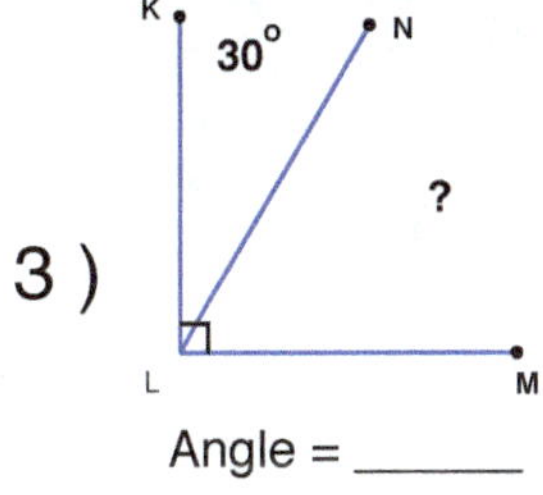

Angle = _______

4)

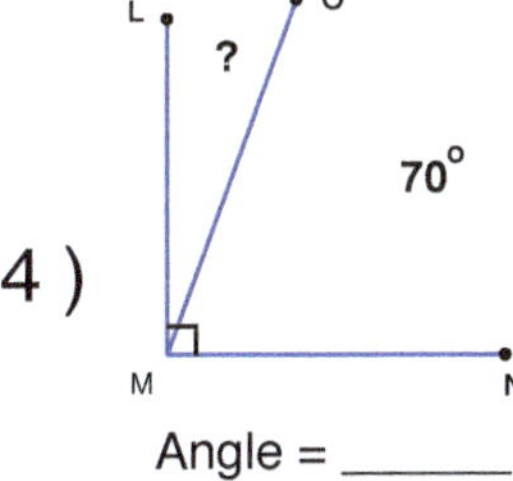

Angle = _______

5)

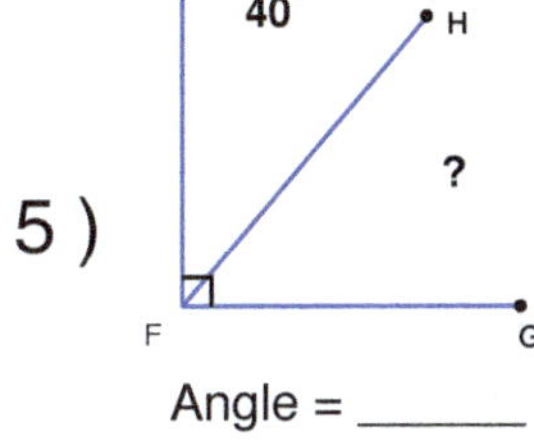

Angle = _______

6)

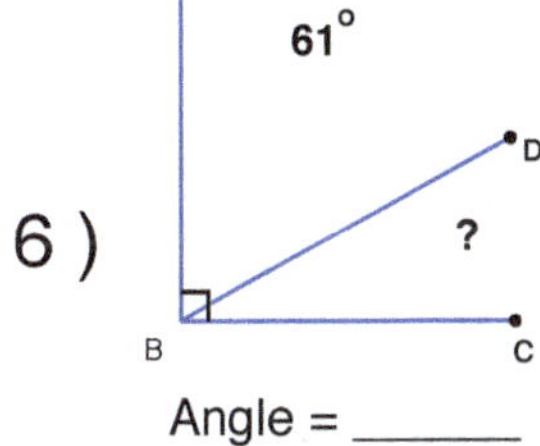

Angle = _______

7)

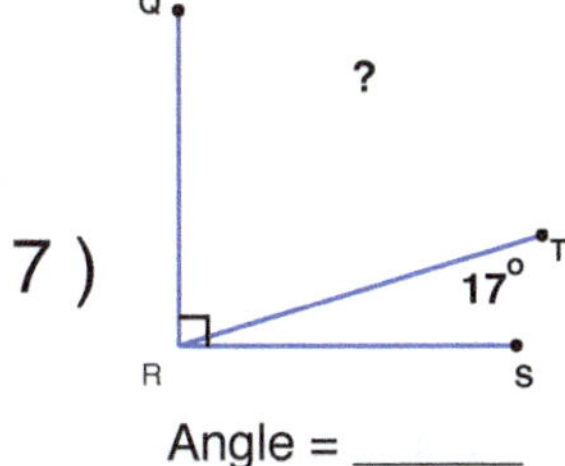

Angle = _______

8)

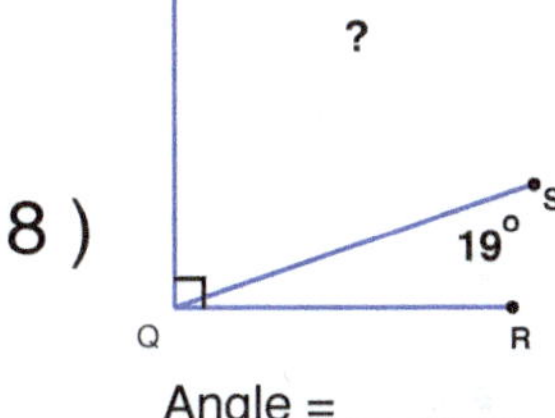

Angle = _______

9)

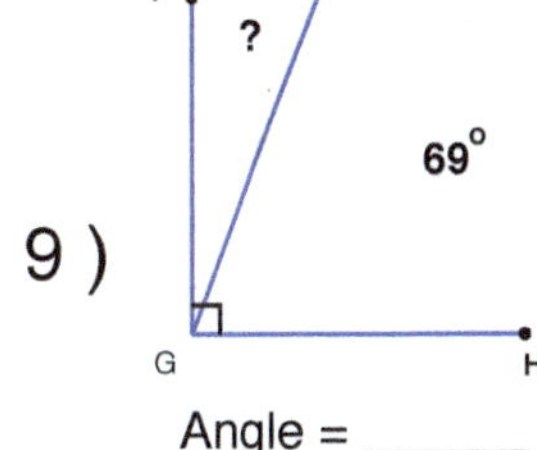

Angle = _______

NAME: ______________________________

EXERCISE 6

Find the missing angle measurement in each set of complementary angles.

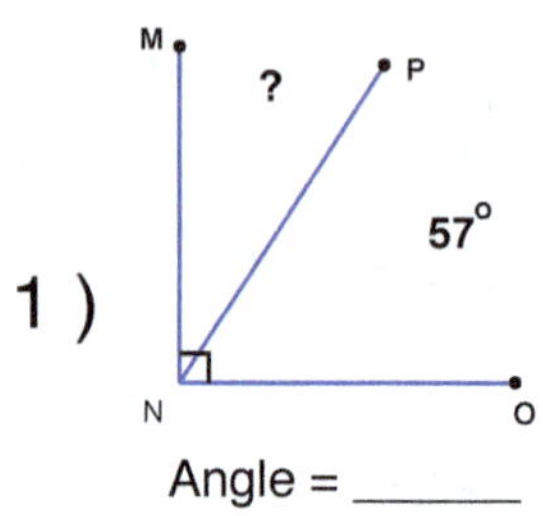

2)

J

39°

M

?

K

L

Angle = ______

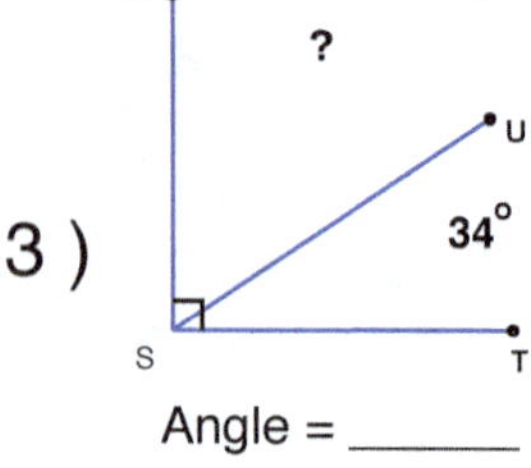

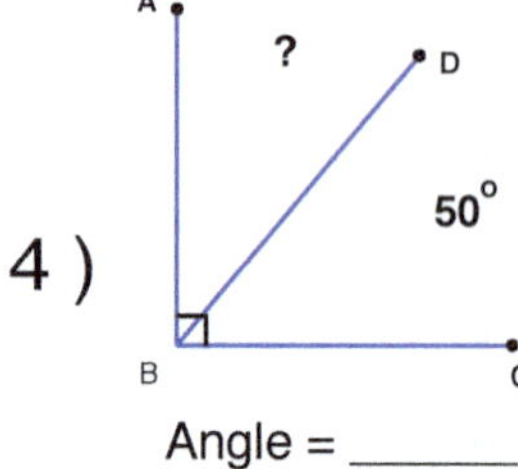

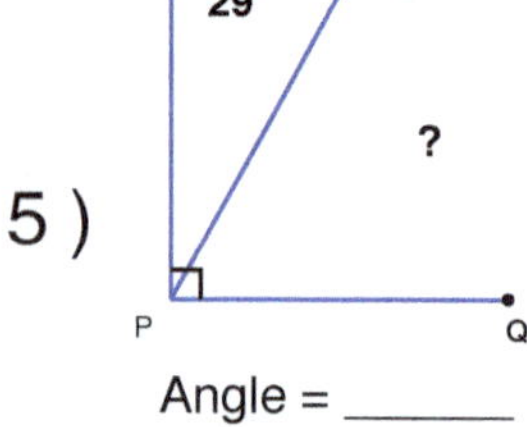

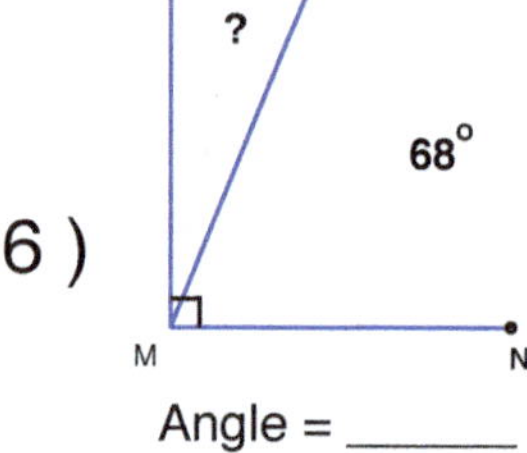

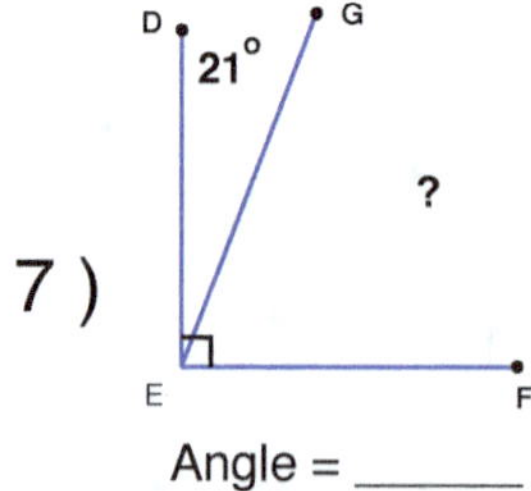

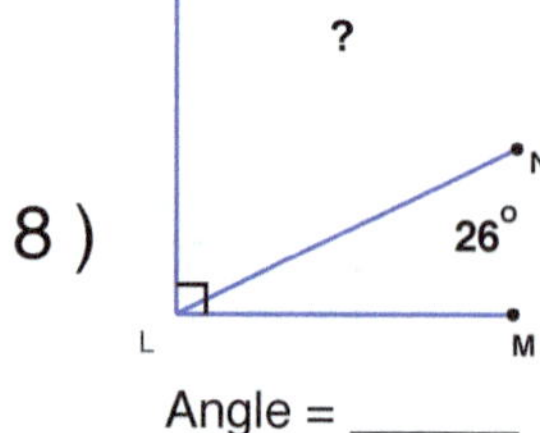

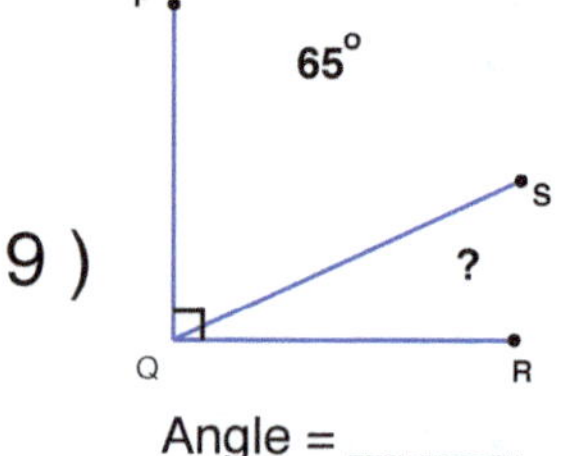

NAME: ______________________________

EXERCISE 7

Find the missing angle measurement in each set of complementary angles.

1)
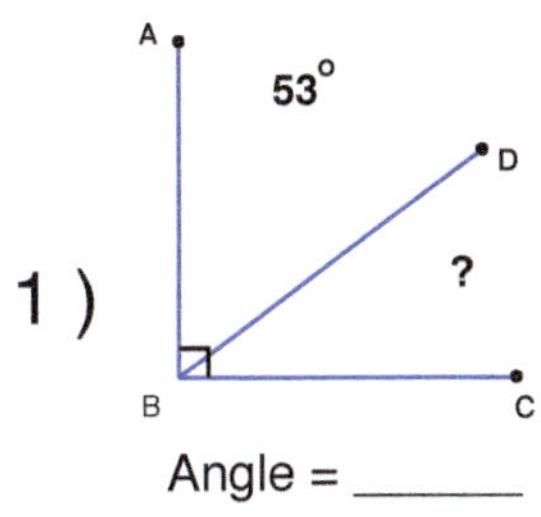

Angle = _______

2)
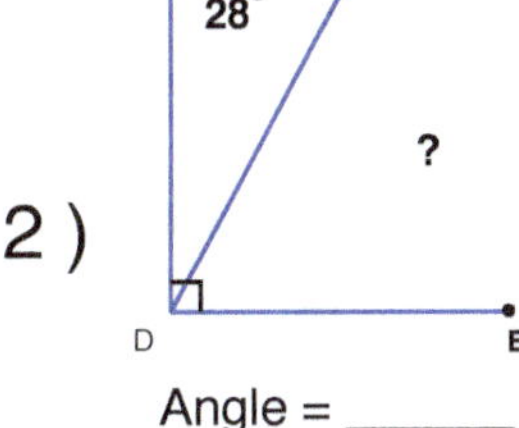

Angle = _______

3)
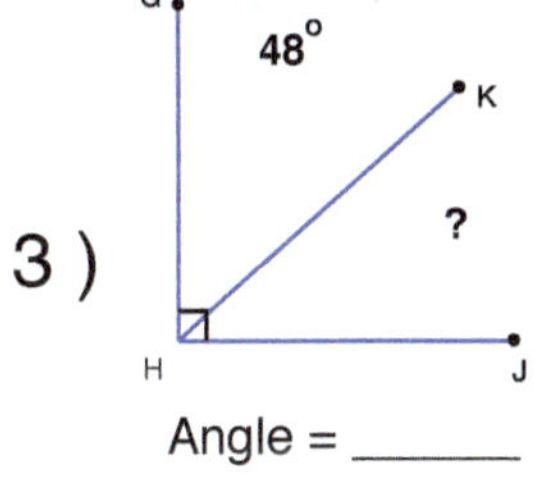

Angle = _______

4)
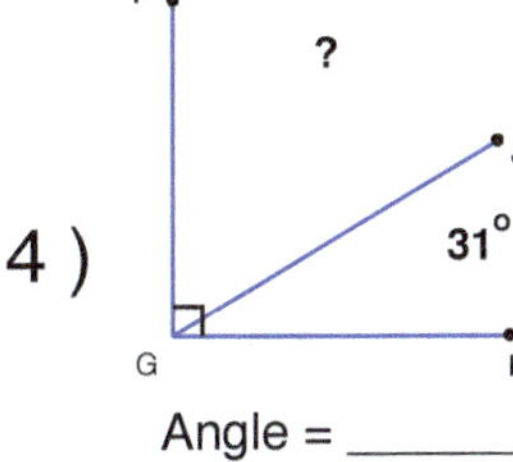

Angle = _______

5)
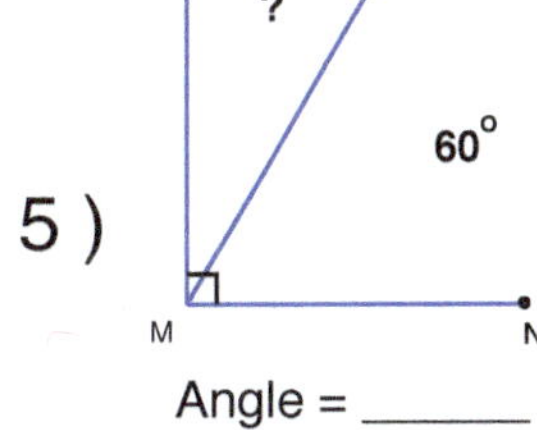

Angle = _______

6)
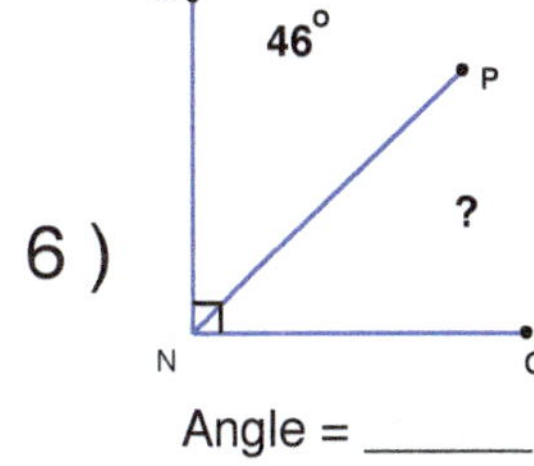

Angle = _______

7)
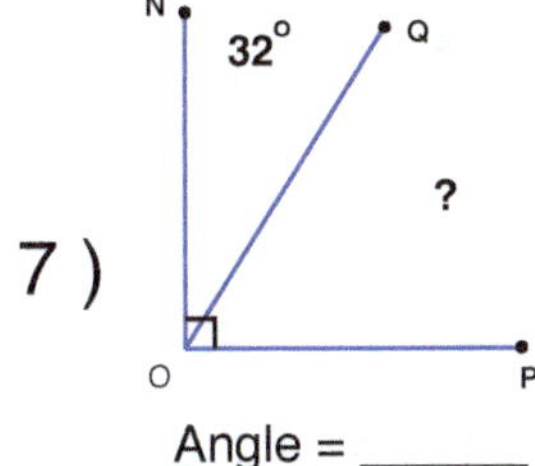

Angle = _______

8)
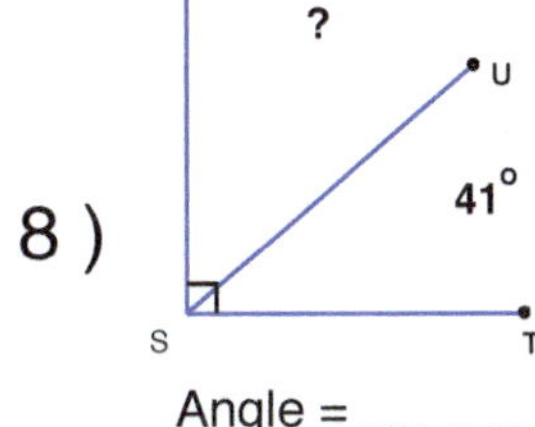

Angle = _______

9)
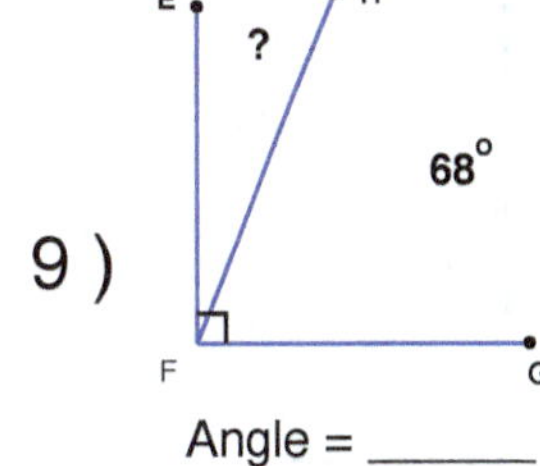

Angle = _______

NAME: ________________________________

EXERCISE 8

Find the missing angle measurement in each set of complementary angles.

1)

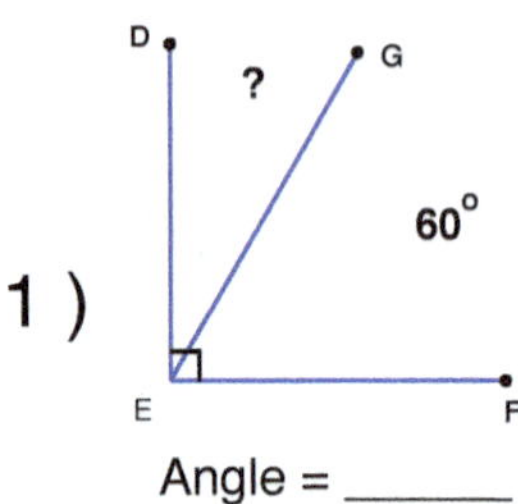

Angle = ______

2)

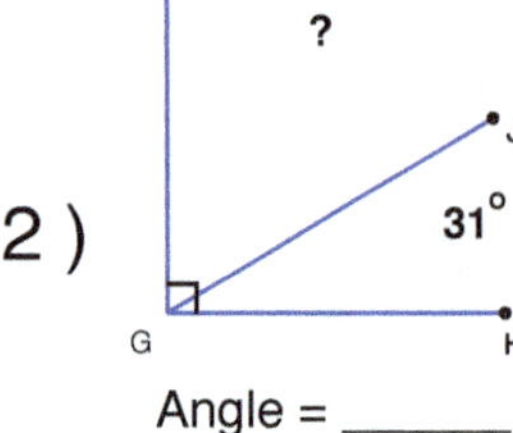

Angle = ______

3)

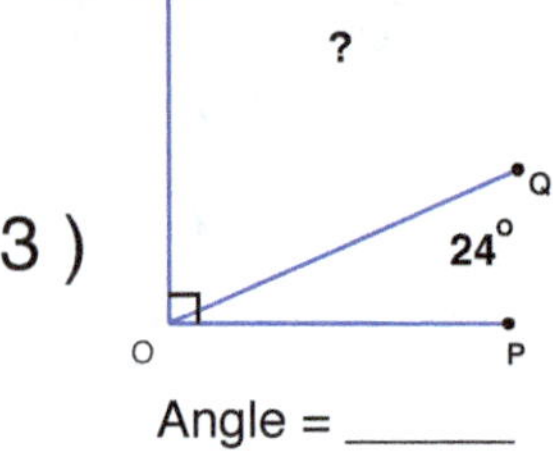

Angle = ______

4)

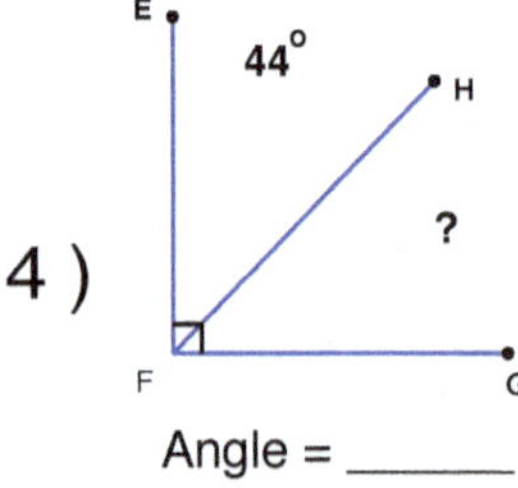

Angle = ______

5)

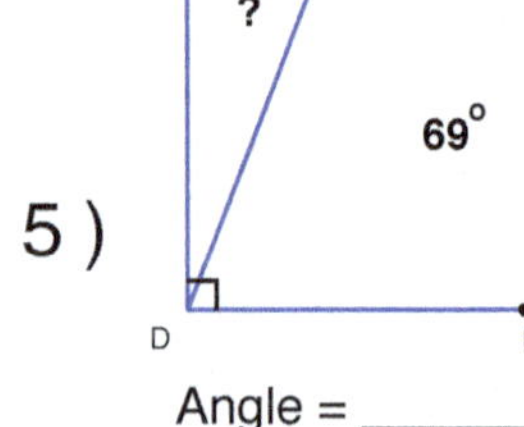

Angle = ______

6)

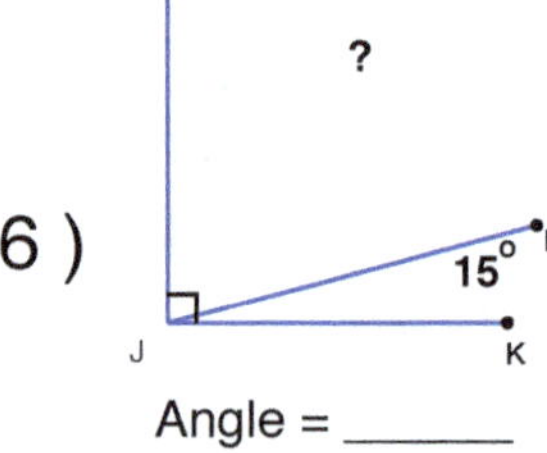

Angle = ______

7)

L

38°

O

?

M

N

Angle = ______

8)

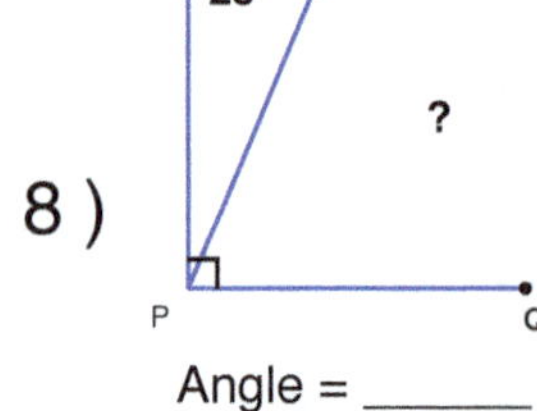

Angle = ______

9)

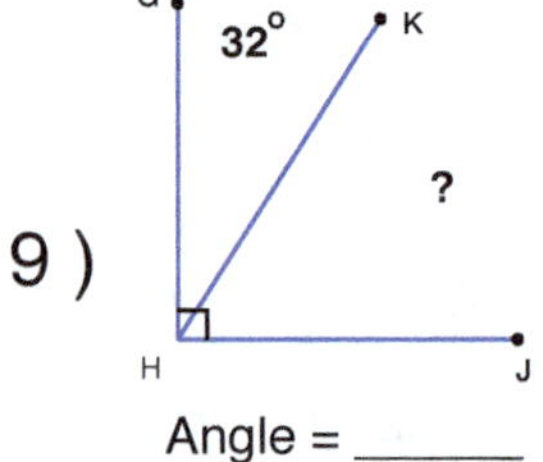

Angle = ______

NAME: ______________________________

Find the missing angle measurement in each set of complementary angles.

EXERCISE 9

1)

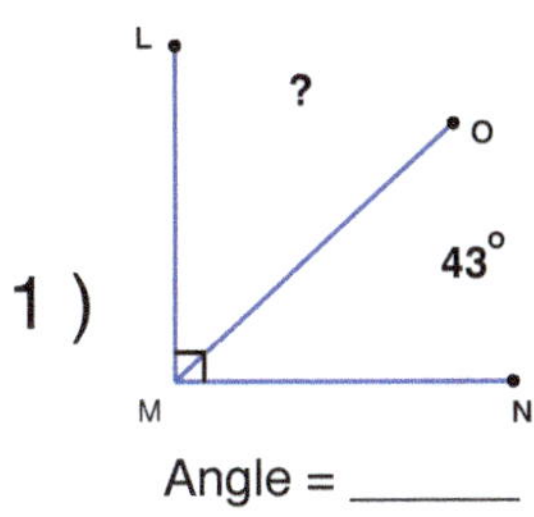

Angle = ______

2)

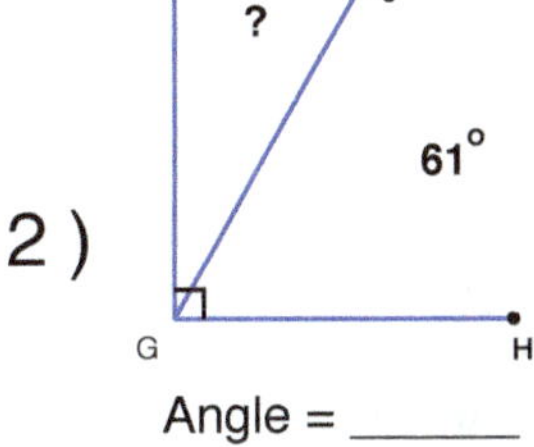

Angle = ______

3)

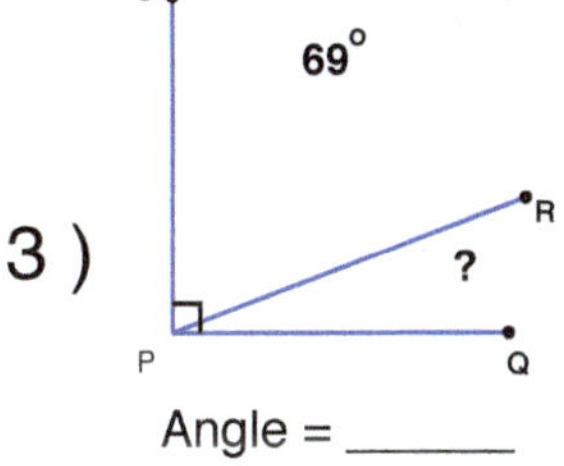

Angle = ______

4)

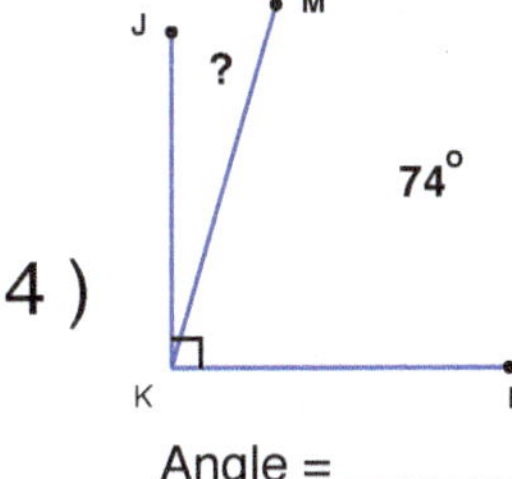

Angle = ______

5)

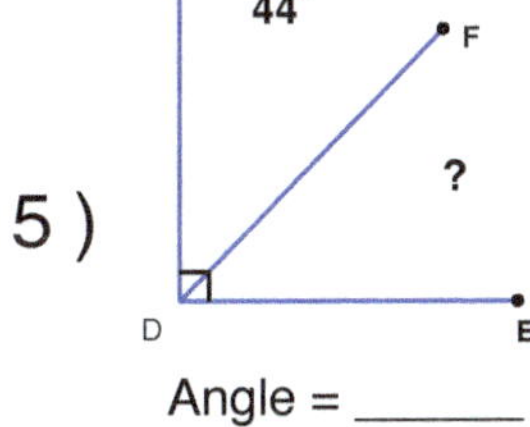

Angle = ______

6)

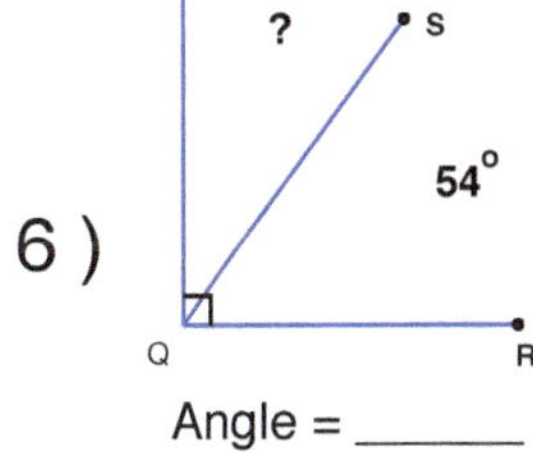

Angle = ______

7)

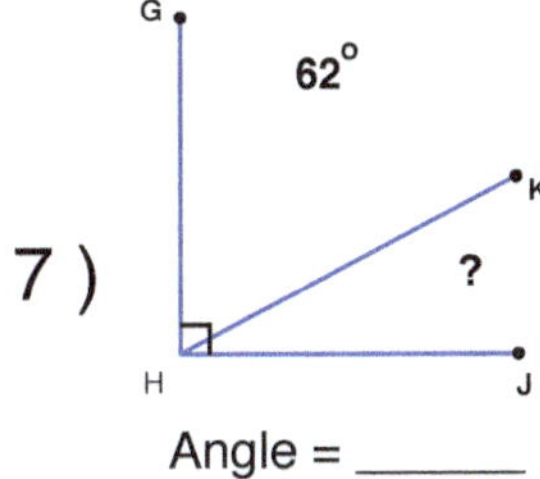

Angle = ______

8)

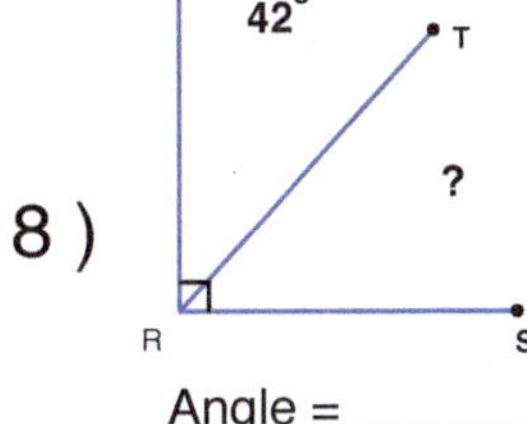

Angle = ______

9)

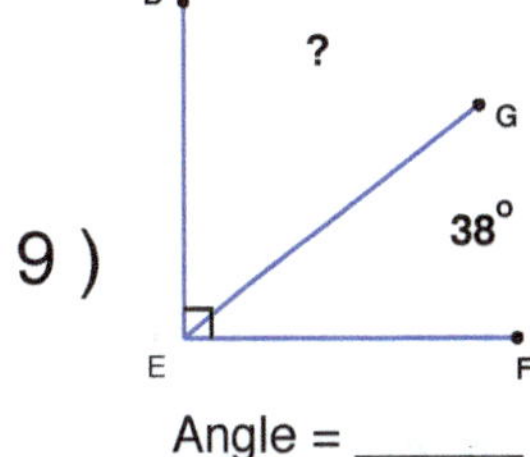

Angle = ______

NAME: ______________________________

EXERCISE 10

Find the missing angle measurement in each set of complementary angles.

1)

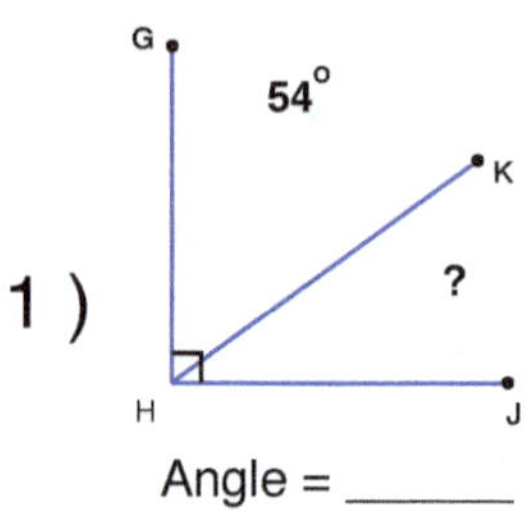

Angle = ______

2)

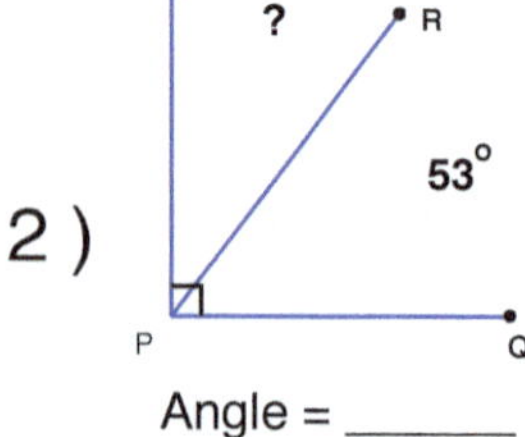

Angle = ______

3)

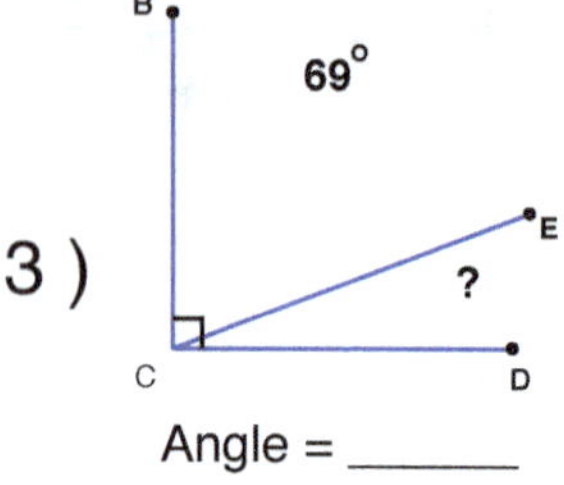

Angle = ______

4)

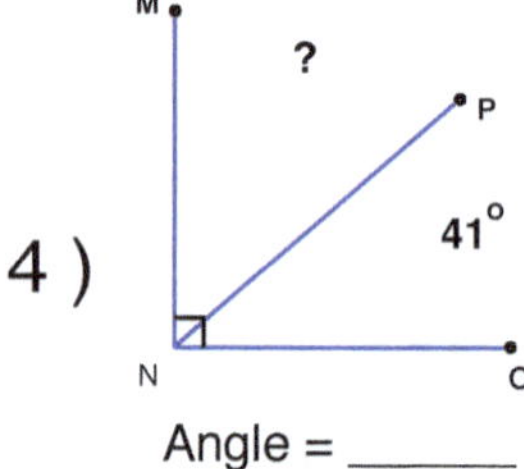

Angle = ______

5)

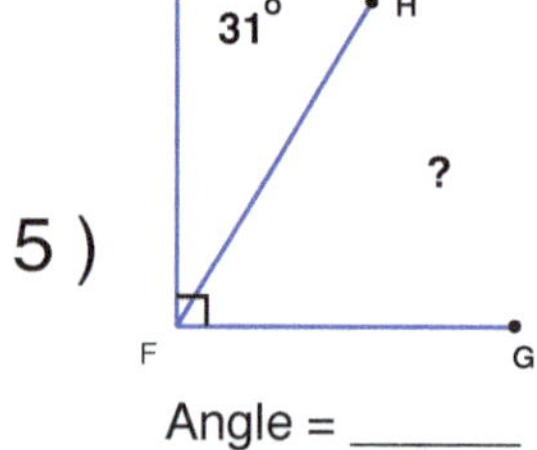

Angle = ______

6)

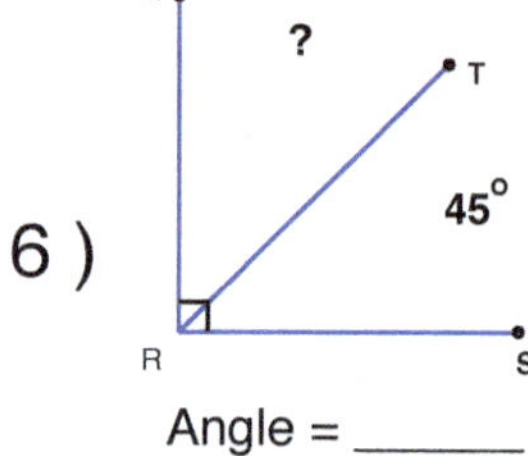

Angle = ______

7)

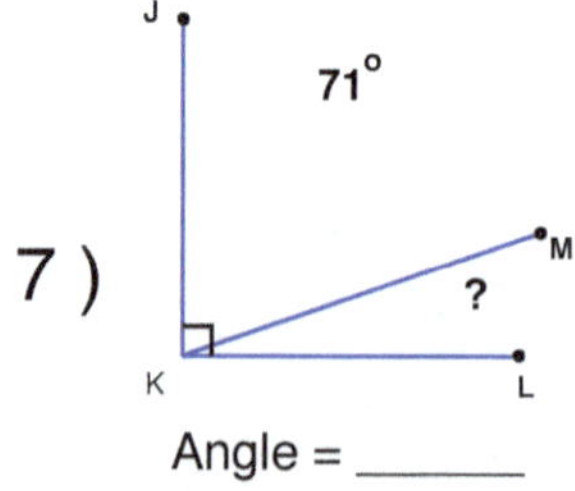

Angle = ______

8)

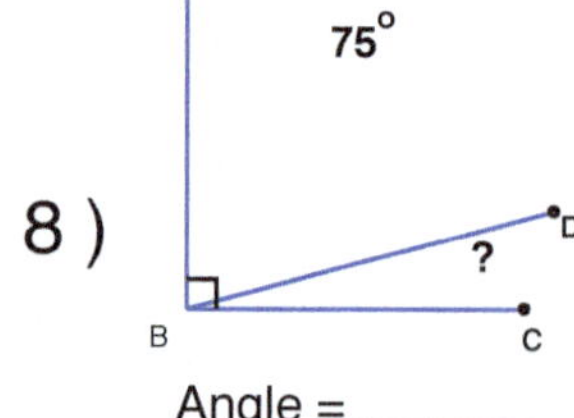

Angle = ______

9)

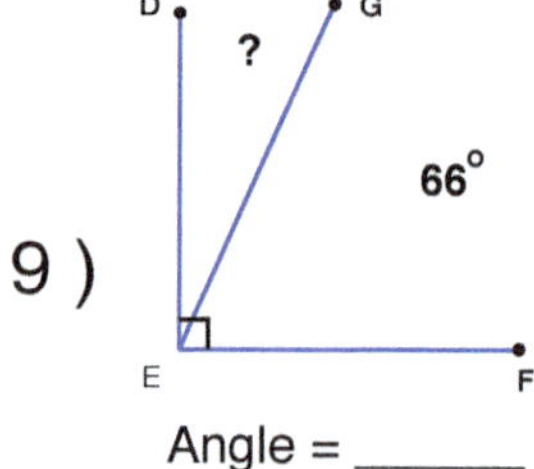

Angle = ______

ANSWERS

Angle Classification

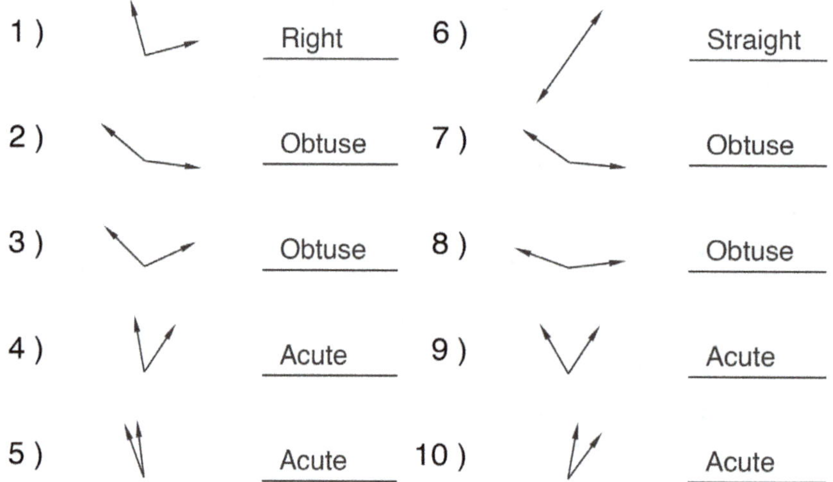

EXERCISE 2

1)  Obtuse
2)  Acute
3)  Acute
4)  Straight
5)  Obtuse
6)  Acute
7)  Right
8)  Acute
9)  Obtuse
10)  Obtuse

EXERCISE 3

1)  Acute
2)  Right
3)  Straight
4)  Acute
5)  Obtuse
6)  Obtuse
7)  Acute
8)  Obtuse
9)  Acute
10)  Obtuse

EXERCISE 4

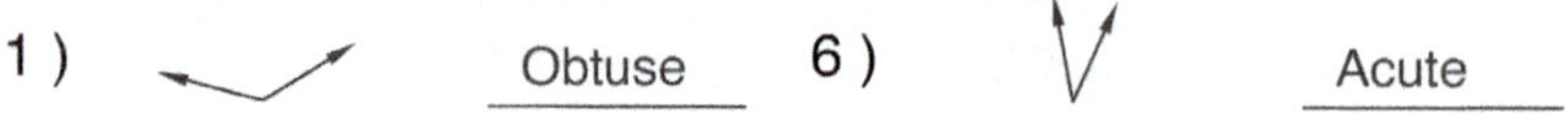

1) Obtuse
2) Acute
3) Acute
4) Straight
5) Obtuse

6) Acute
7) Acute
8) Obtuse
9) Obtuse
10) Right

EXERCISE 5

1) Right
2) Acute
3) Acute
4) Acute
5) Obtuse

6) Obtuse
7) Obtuse
8) Straight
9) Acute
10) Obtuse

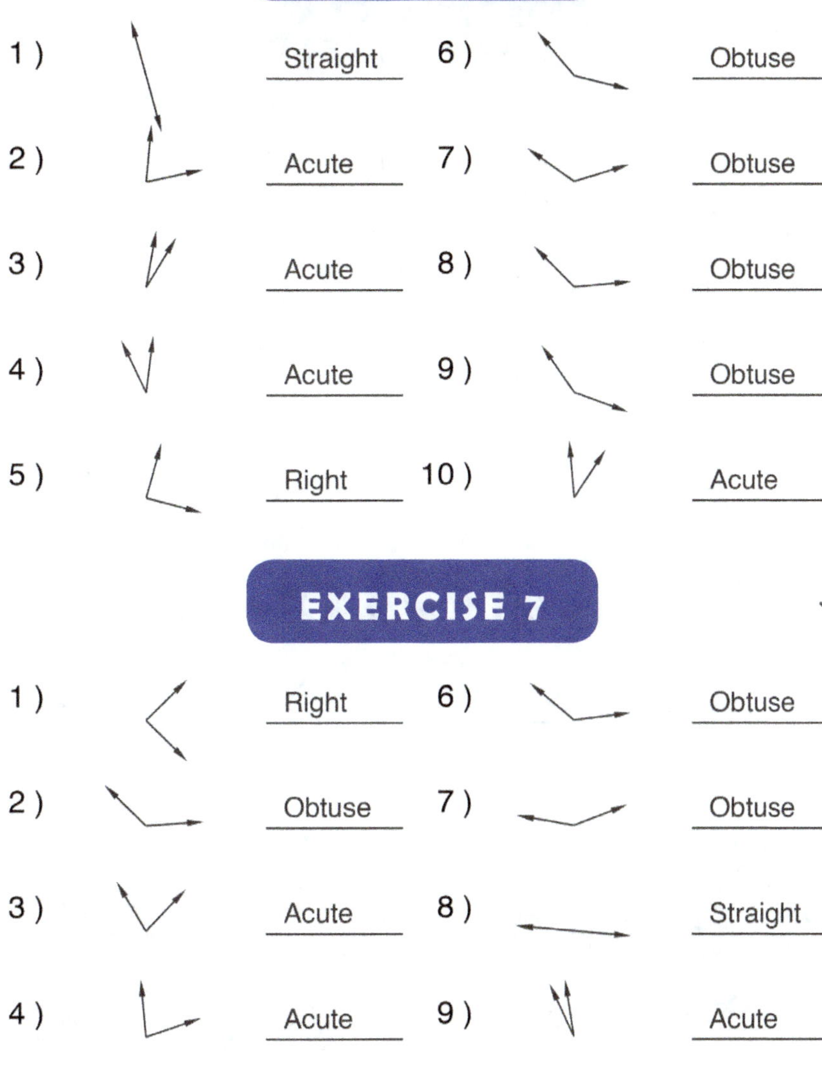

EXERCISE 6

1) Straight
2) Acute
3) Acute
4) Acute
5) Right
6) Obtuse
7) Obtuse
8) Obtuse
9) Obtuse
10) Acute

EXERCISE 7

1) Right
2) Obtuse
3) Acute
4) Acute
5) Acute
6) Obtuse
7) Obtuse
8) Straight
9) Acute
10) Obtuse

EXERCISE 8

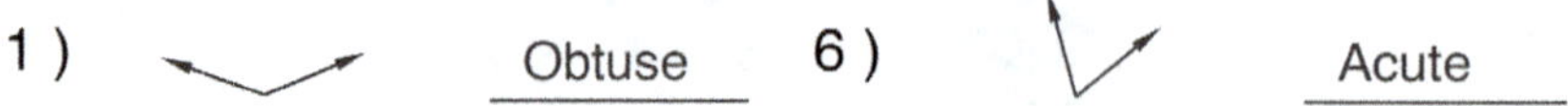

1)	Obtuse	6)	Acute
2)	Right	7)	Obtuse
3)	Obtuse	8)	Straight
4)	Acute	9)	Acute
5)	Obtuse	10)	Acute

EXERCISE 9

1)	Acute	6)	Obtuse
2)	Acute	7)	Right
3)	Obtuse	8)	Straight
4)	Obtuse	9)	Obtuse
5)	Acute	10)	Acute

EXERCISE 10

1)		Obtuse	6)		Acute
2)		Obtuse	7)		Straight
3)		Acute	8)		Right
4)		Obtuse	9)		Obtuse
5)		Acute	10)		Acute

EXERCISE 11

1)		Obtuse	6)		Acute
2)		Obtuse	7)		Obtuse
3)		Acute	8)		Acute
4)		Right	9)		Acute
5)		Obtuse	10)		Straight

EXERCISE 12

1)  Acute
2)  Acute
3)  Straight
4)  Acute
5)  Obtuse
6)  Right
7)  Obtuse
8)  Acute
9)  Obtuse
10)  Obtuse

EXERCISE 13

1)  Obtuse
2)  Right
3)  Acute
4)  Acute
5)  Obtuse
6)  Obtuse
7)  Obtuse
8)  Straight
9)  Acute
10)  Acute

EXERCISE 14

1)  Obtuse
2)  Acute
3)  Acute
4)  Obtuse
5)  Right
6)  Straight
7)  Acute
8)  Obtuse
9)  Acute
10)  Obtuse

EXERCISE 15

1)  Right
2)  Obtuse
3)  Obtuse
4)  Acute
5)  Acute
6)  Straight
7)  Acute
8)  Obtuse
9)  Acute
10)  Obtuse

Missing Angle Measurement

EXERCISE 1

1)

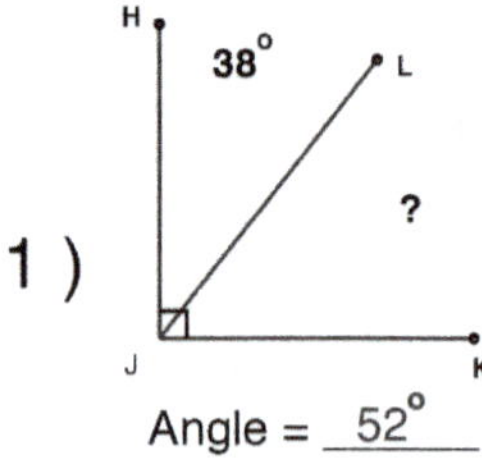

Angle = 52°

2)

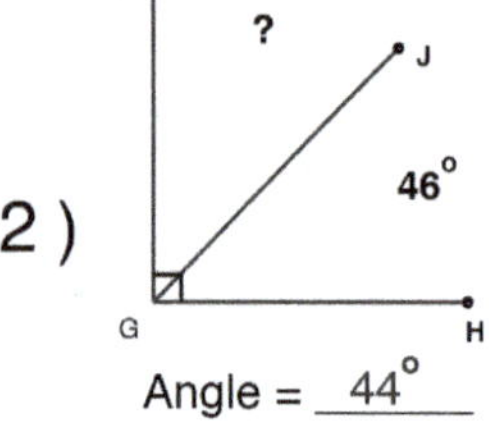

Angle = 44°

3)

O
?
R
28°
P
Q

Angle = 62°

4)

B
E
?
73°
C
D

Angle = 17°

5)

J
M
?
72°
K
L

Angle = 18°

6)

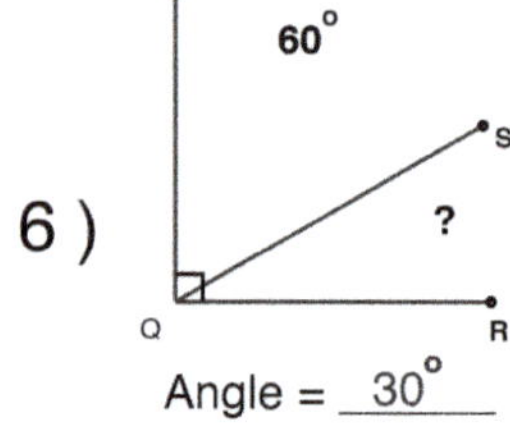

Angle = 30°

7)

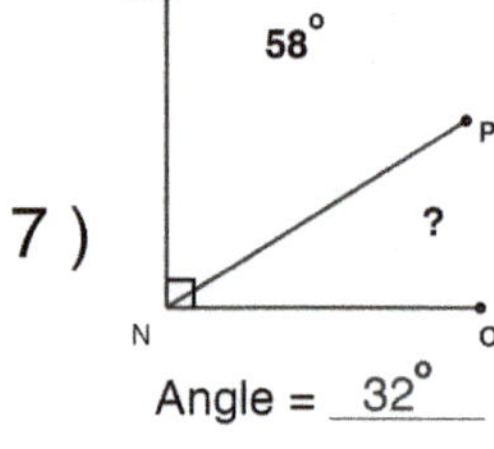

Angle = 32°

8)

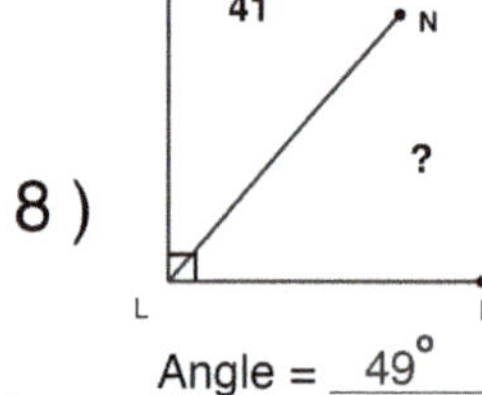

Angle = 49°

9)

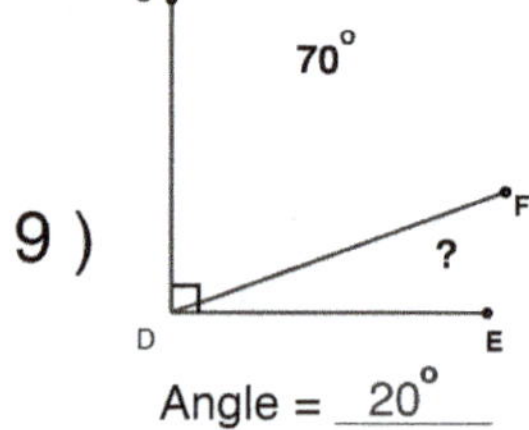

Angle = 20°

EXERCISE 2

1)

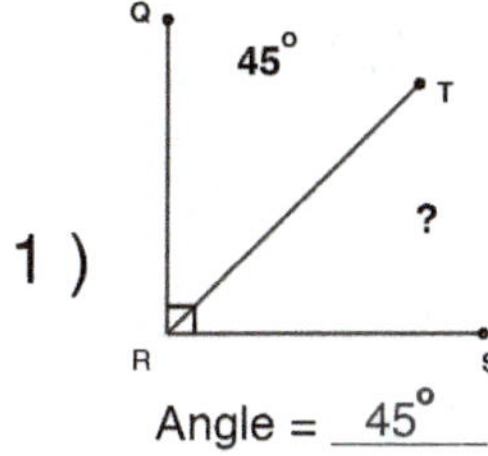

Angle = 45°

2)

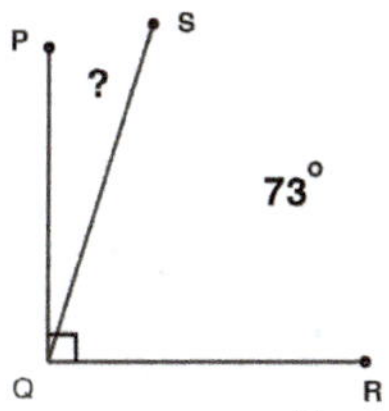

P
S
?
73°
Q
R

Angle = 17°

3)

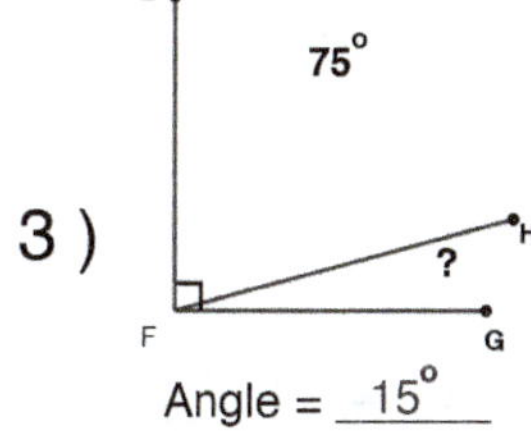

Angle = 15°

4)

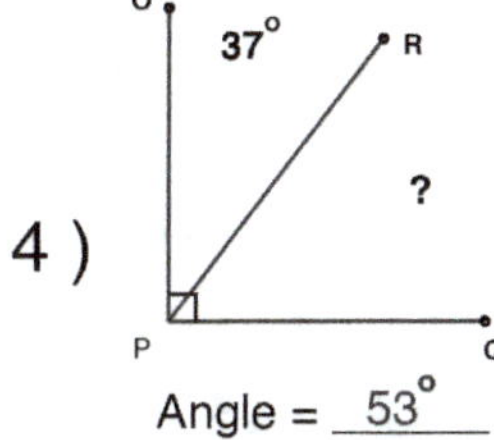

Angle = 53°

5)

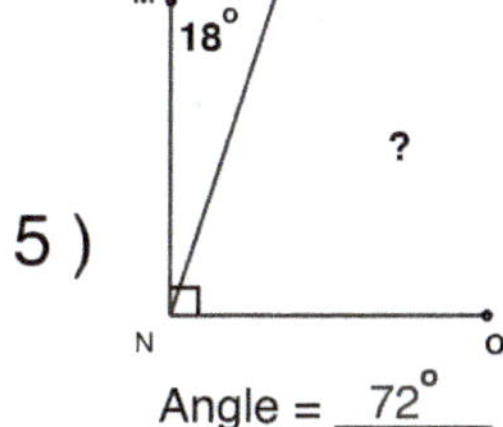

Angle = 72°

6)

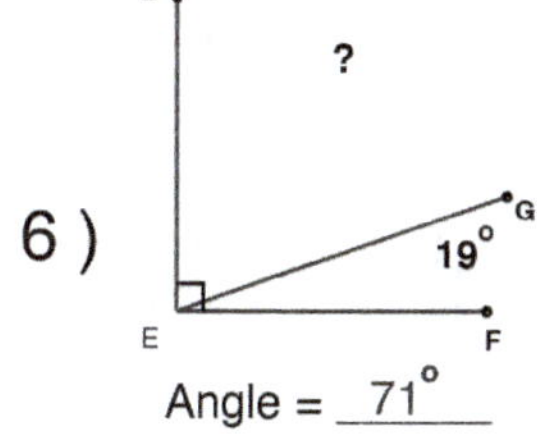

Angle = 71°

7)

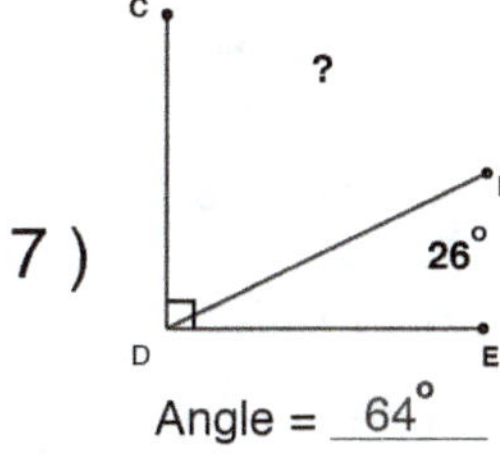

Angle = 64°

8)

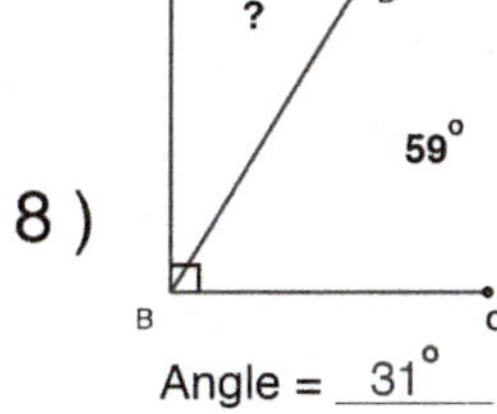

Angle = 31°

9)

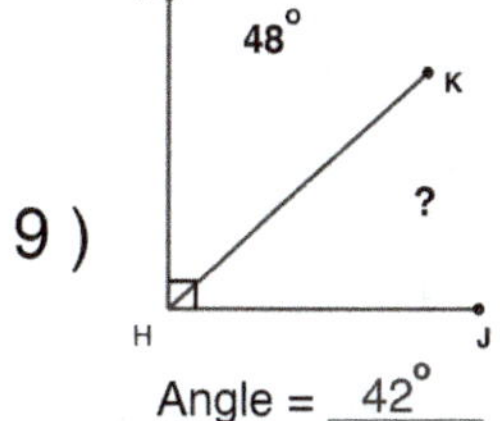

Angle = 42°

EXERCISE 3

1)

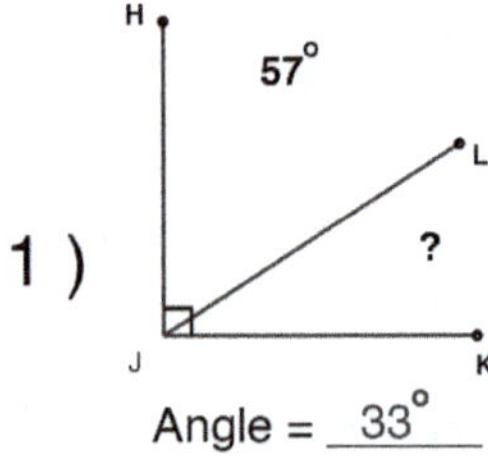

Angle = 33°

2)

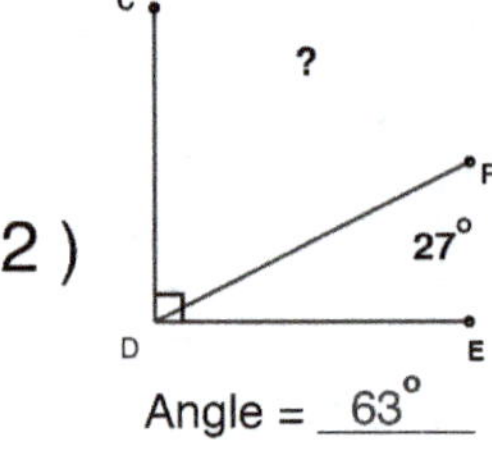

Angle = 63°

3)

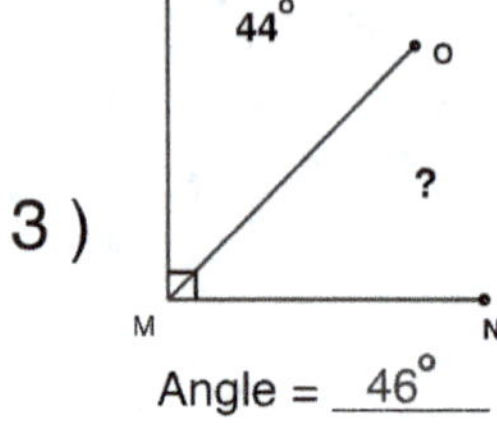

Angle = 46°

4)

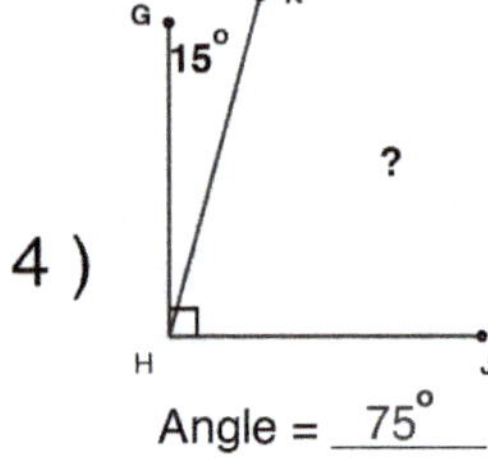

Angle = 75°

5)

J

51°

M

?

K

L

Angle = 39°

6)

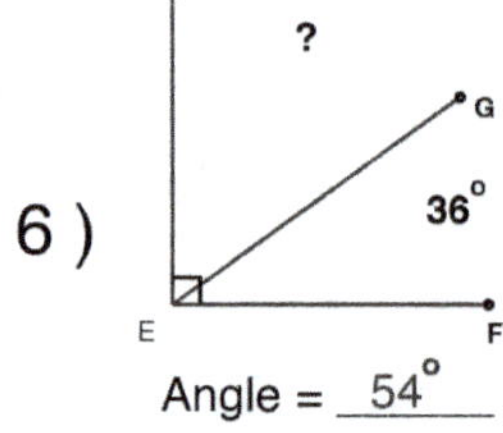

Angle = 54°

7)

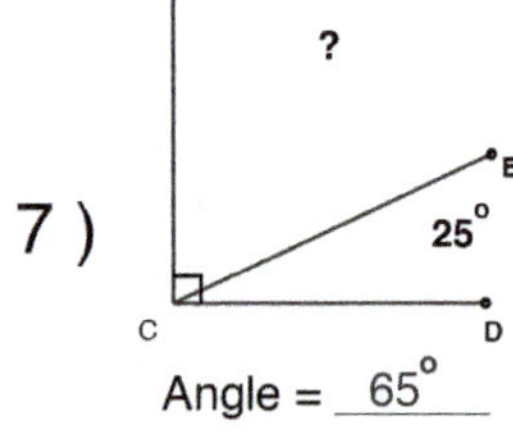

Angle = 65°

8)

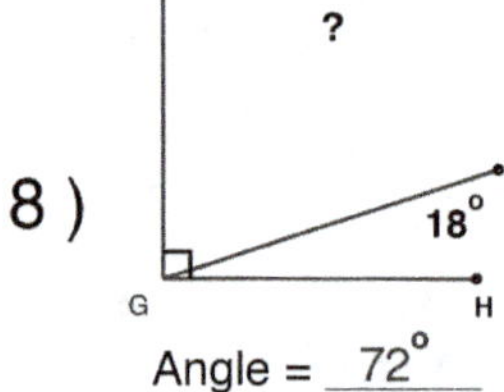

Angle = 72°

9)

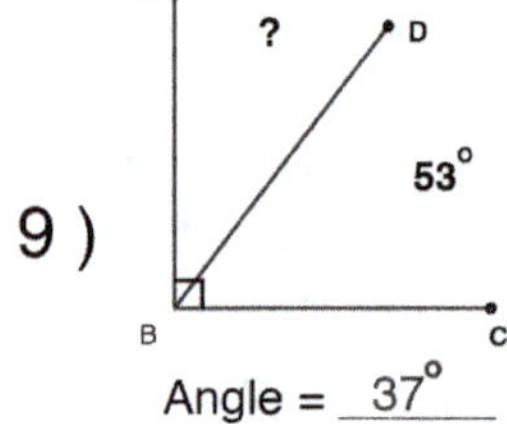

Angle = 37°

EXERCISE 4

1)
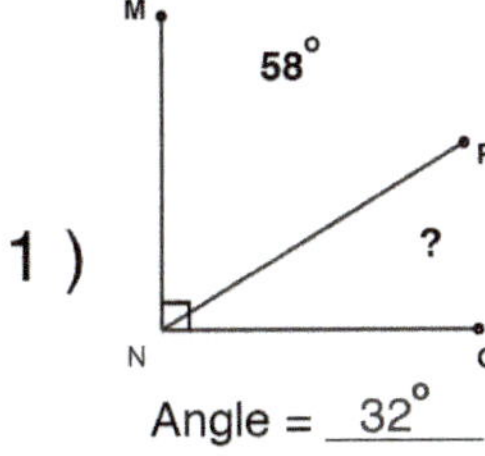

Angle = 32°

2)
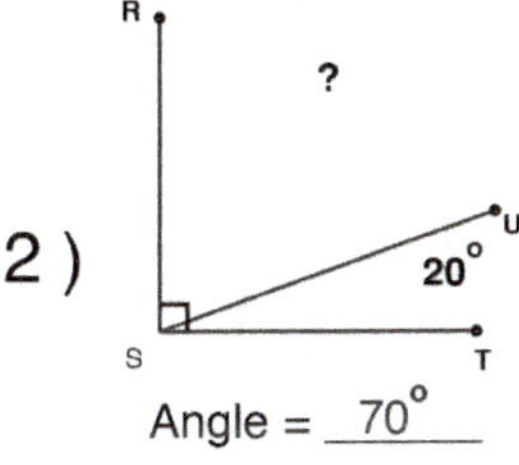

Angle = 70°

3)
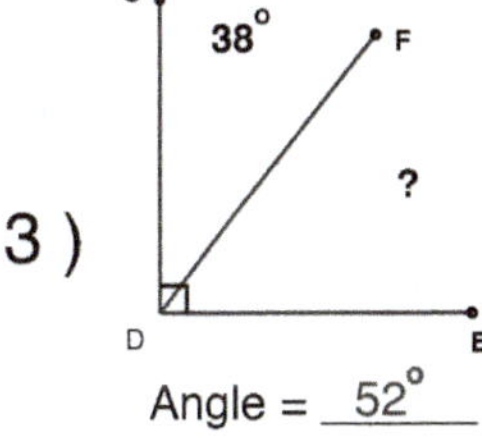

Angle = 52°

4)
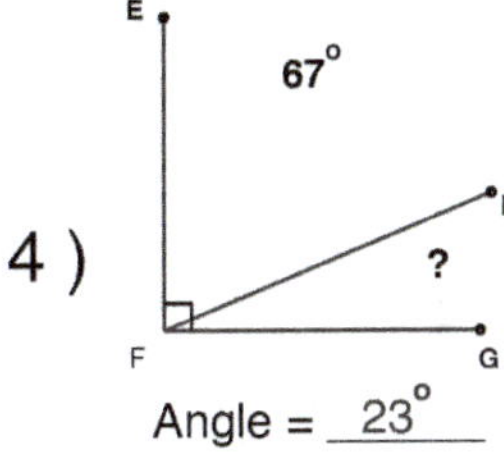

Angle = 23°

5)
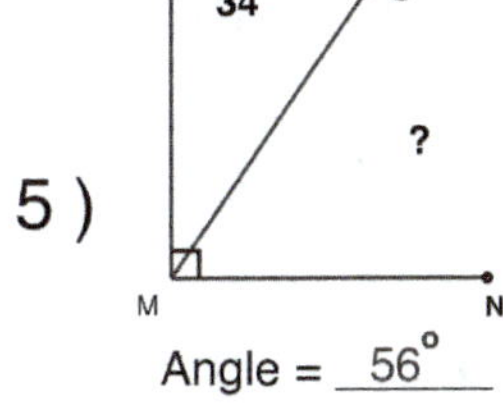

Angle = 56°

6)
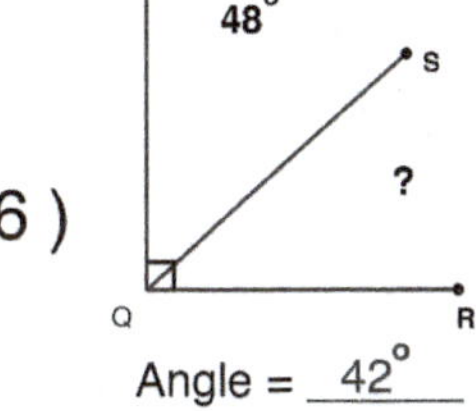

Angle = 42°

7)
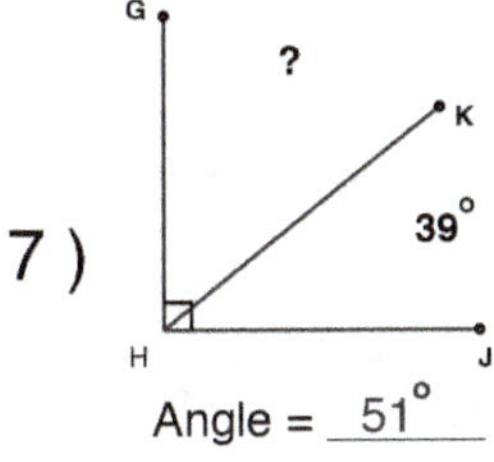

Angle = 51°

8)
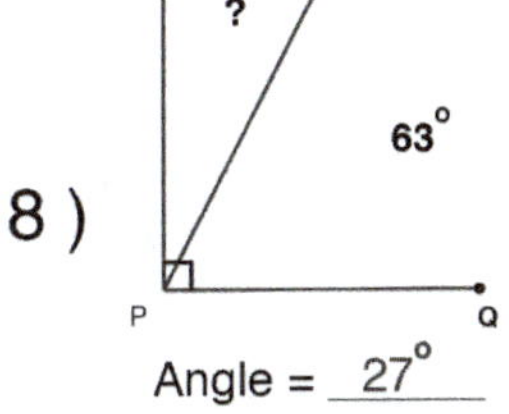

Angle = 27°

9)
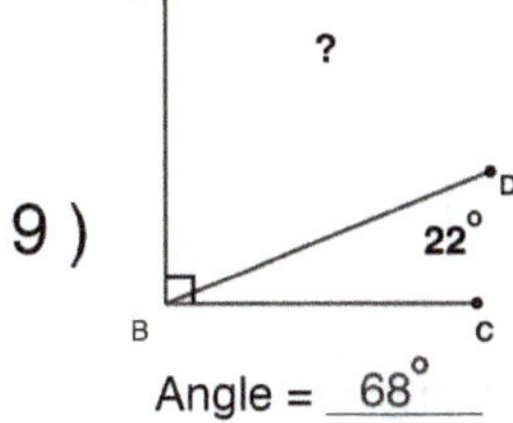

Angle = 68°

EXERCISE 5

1)

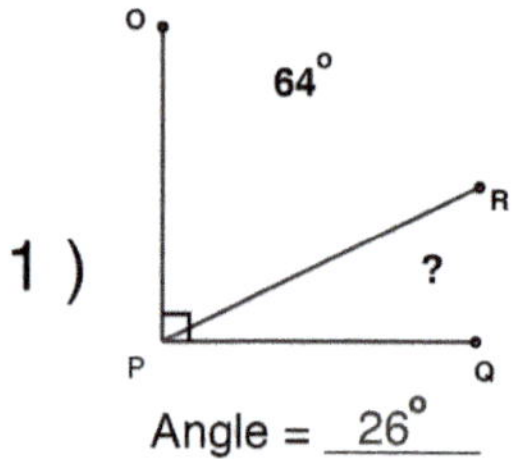

Angle = 26°

2)

J M
?
66°
K L

Angle = 24°

3)

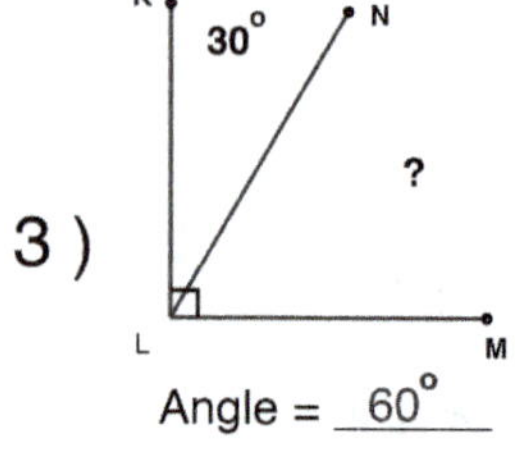

Angle = 60°

4)

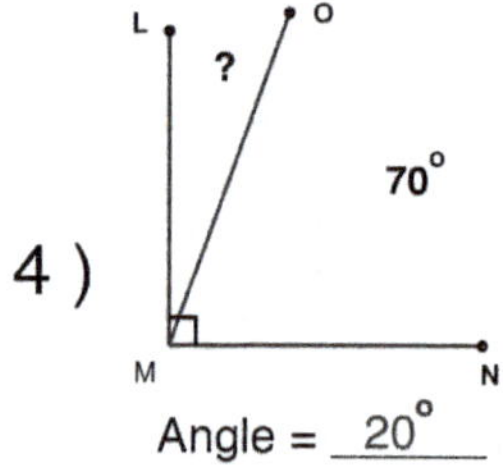

Angle = 20°

5)

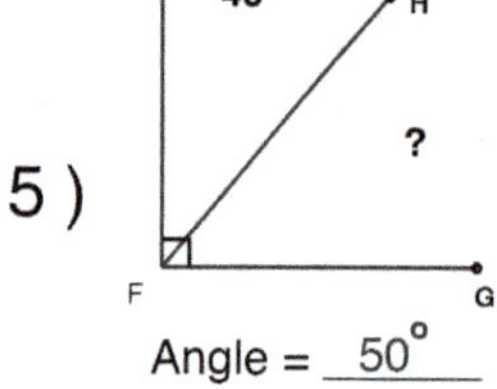

Angle = 50°

6)

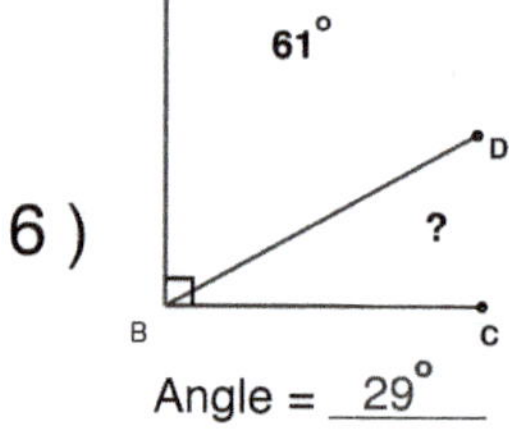

Angle = 29°

7)

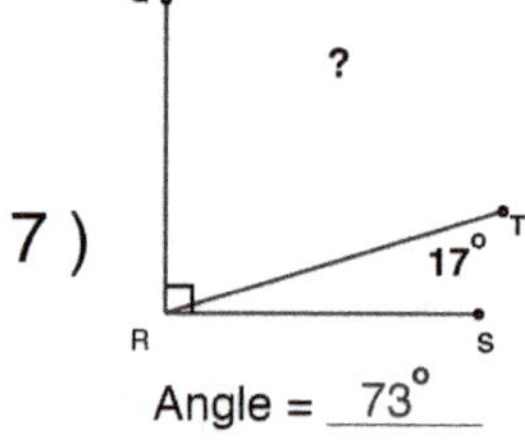

Angle = 73°

8)

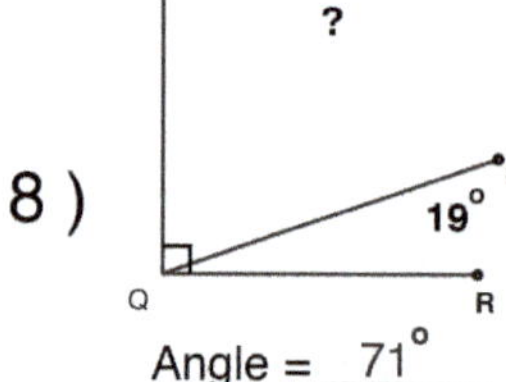

Angle = 71°

9)

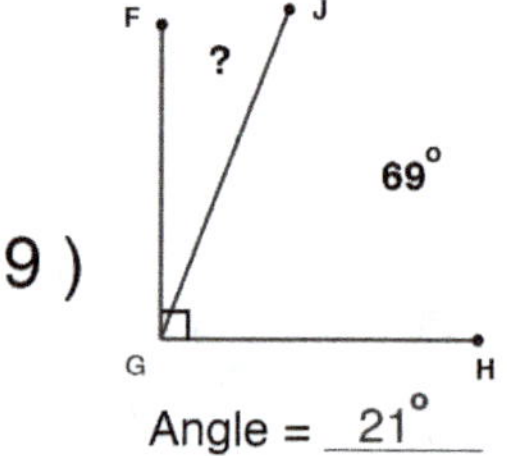

Angle = 21°

EXERCISE 6

1)

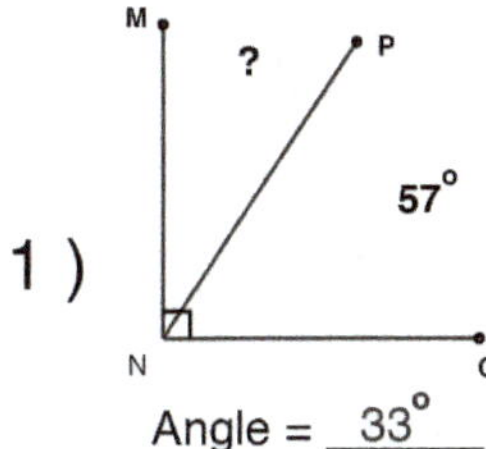

Angle = 33°

2)

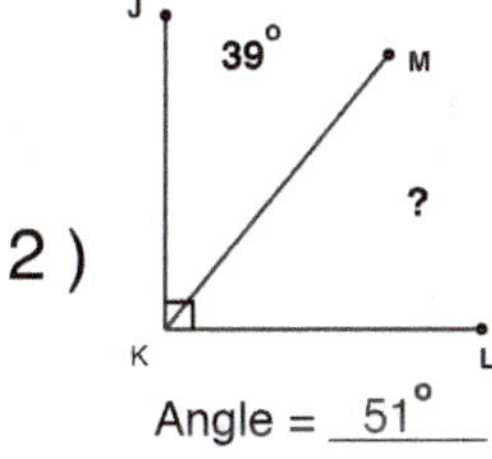

Angle = 51°

3)

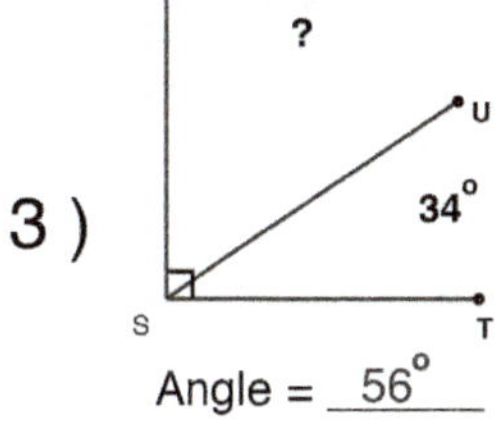

Angle = 56°

4)

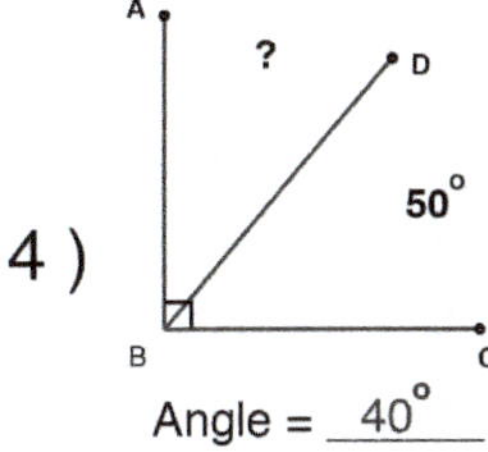

Angle = 40°

5)

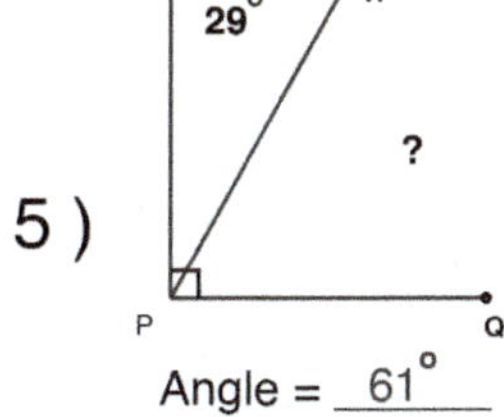

Angle = 61°

6)

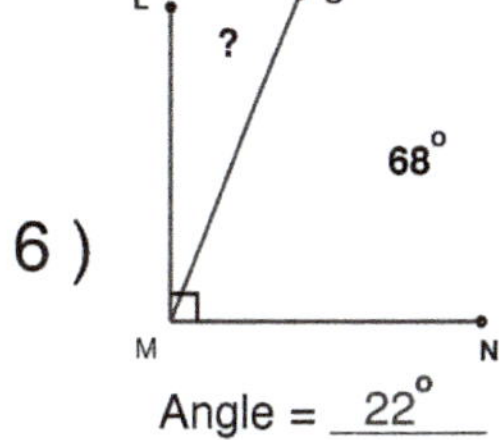

Angle = 22°

7)

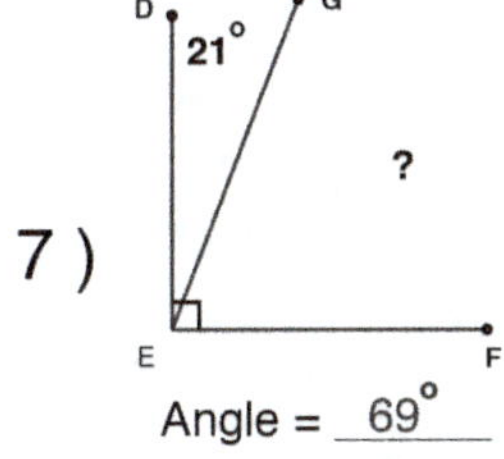

Angle = 69°

8)

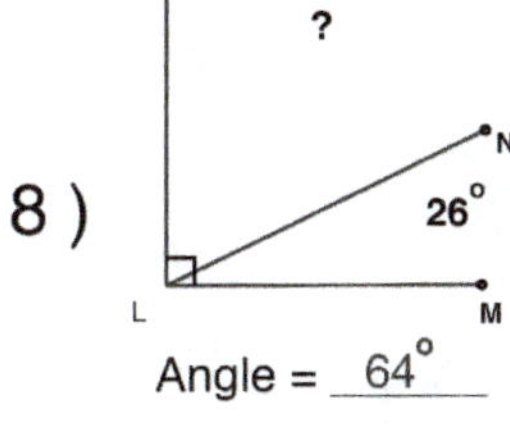

Angle = 64°

9)

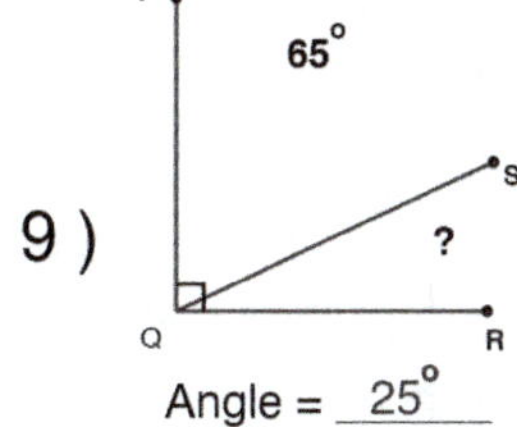

Angle = 25°

EXERCISE 7

1)

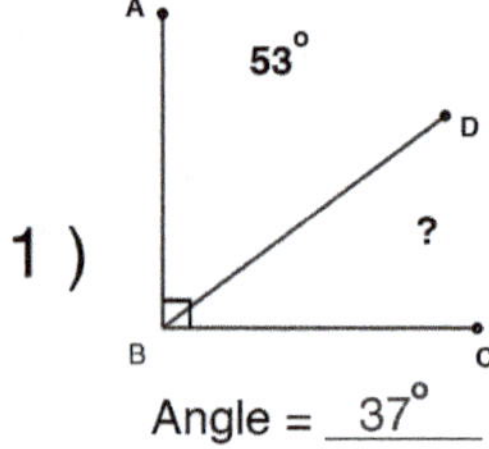

Angle = 37°

2)

C
28°
F
?
D
E

Angle = 62°

3)

G
48°
K
?
H
J

Angle = 42°

4)

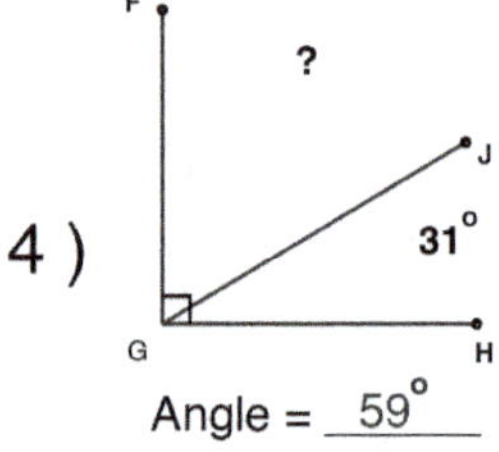

Angle = 59°

5)

L
?
O
60°
M
N

Angle = 30°

6)

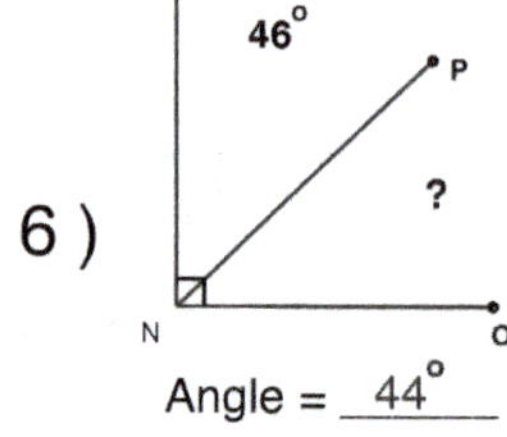

Angle = 44°

7)

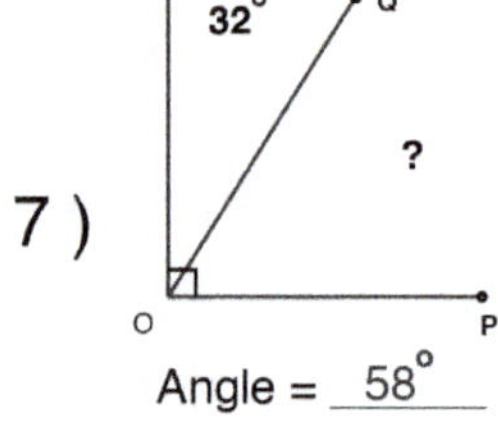

Angle = 58°

8)

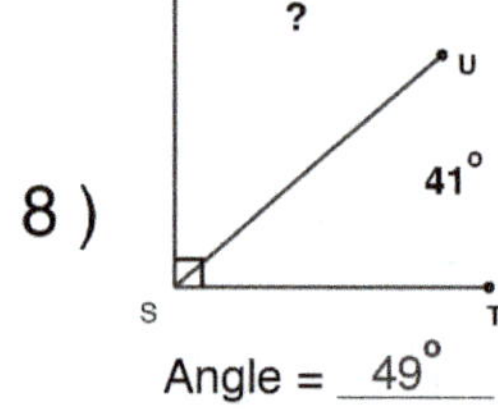

Angle = 49°

9)

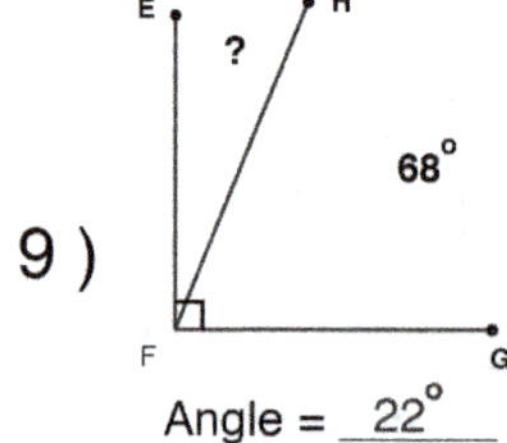

Angle = 22°

EXERCISE 8

1)

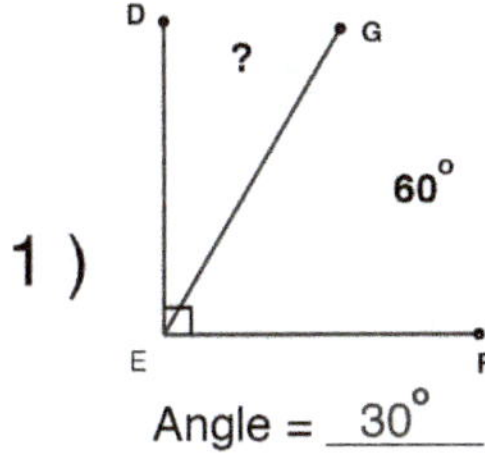

Angle = 30°

2)

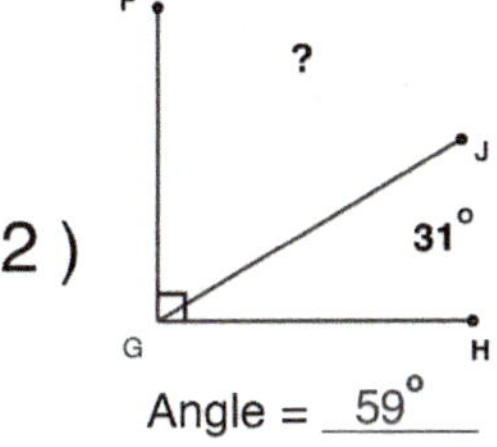

Angle = 59°

3)

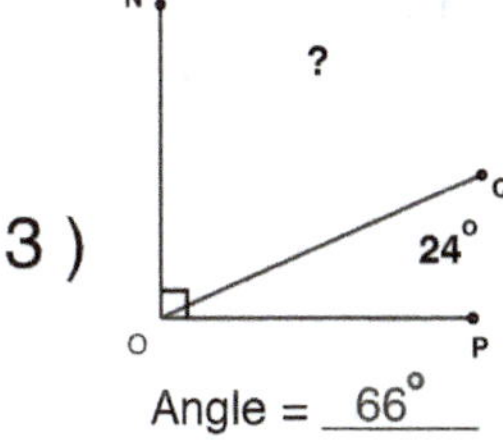

Angle = 66°

4)

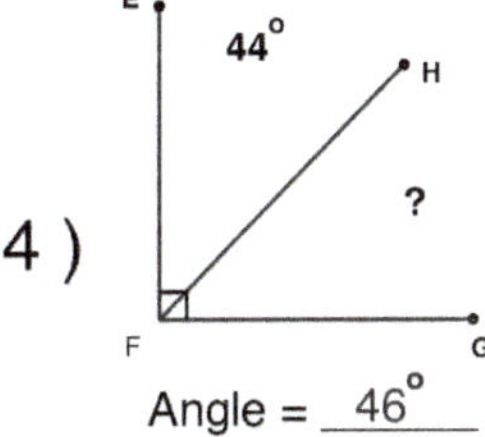

Angle = 46°

5)

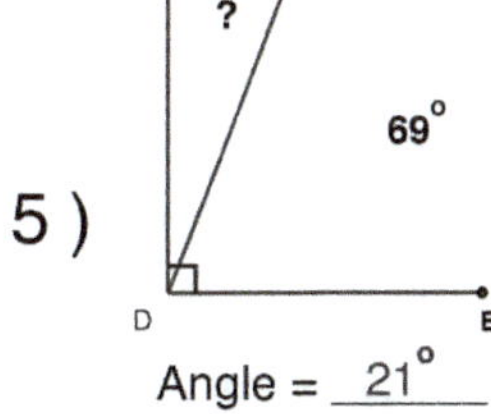

Angle = 21°

6)

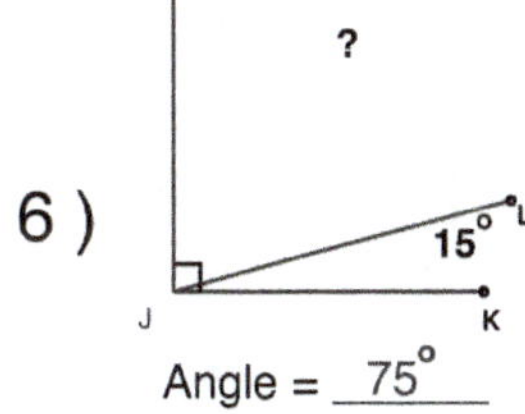

Angle = 75°

7)

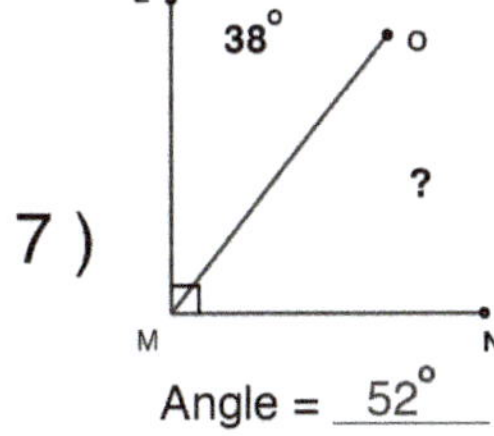

Angle = 52°

8)

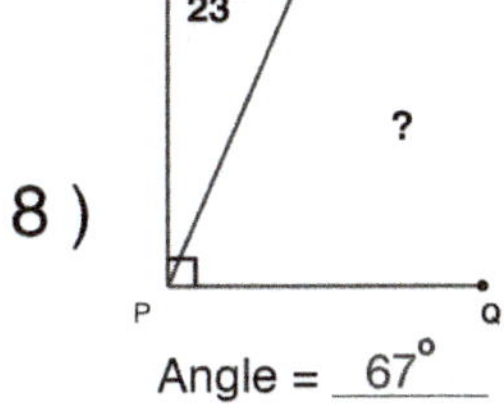

Angle = 67°

9)

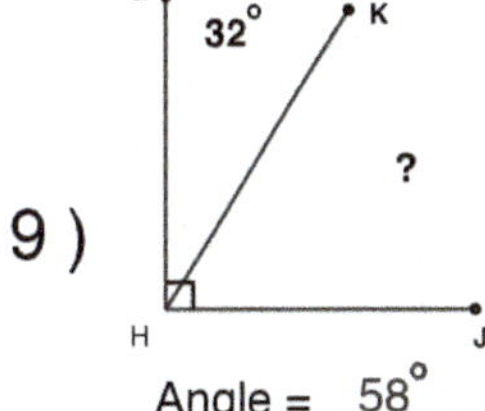

Angle = 58°

EXERCISE 9

1)

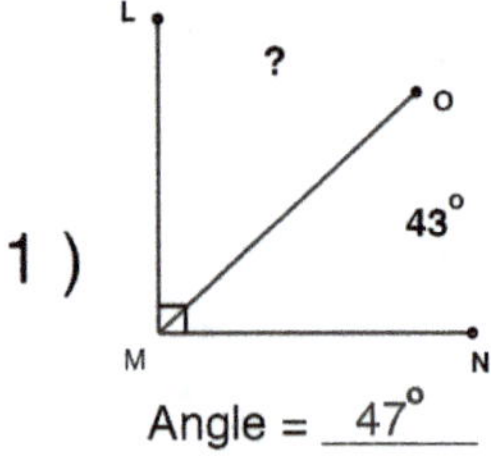

2)

F
?
J
61°
G
H
Angle = 29°

3)

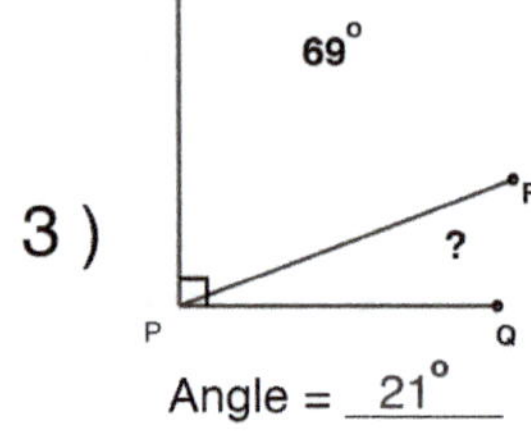

4)

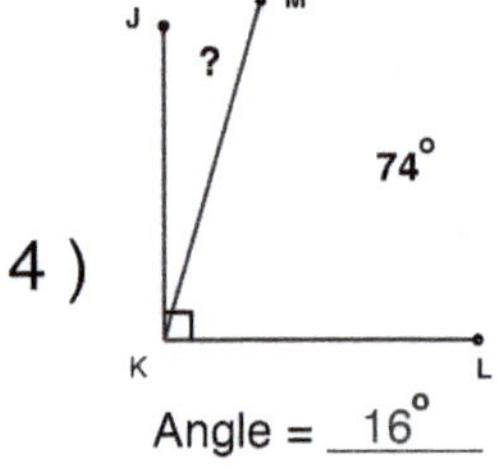

5)

C
44°
F
?
D
E
Angle = 46°

6)

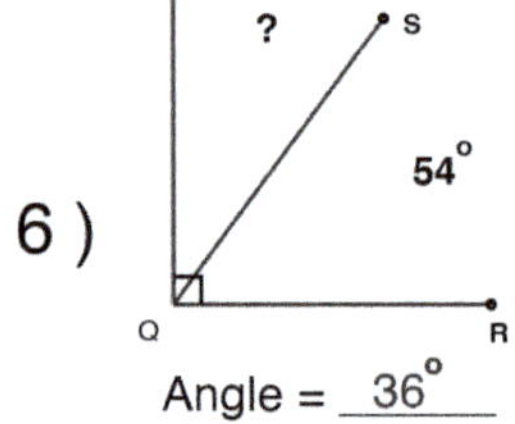

7)

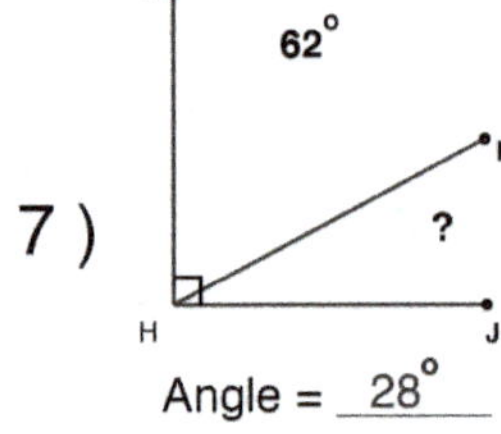

8)

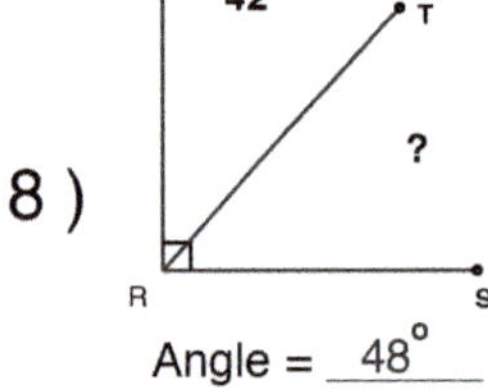

9)

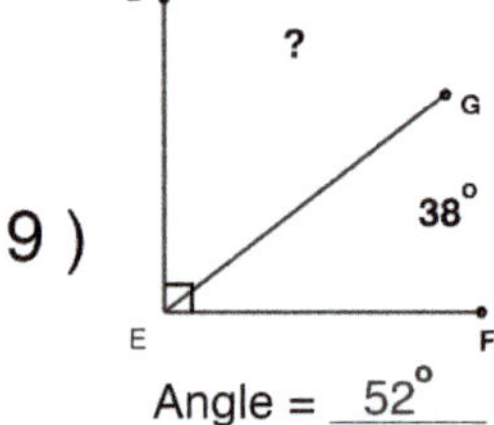

EXERCISE 10

1)

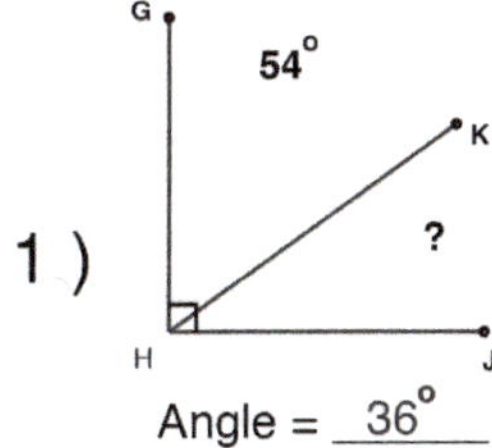

Angle = 36°

2)

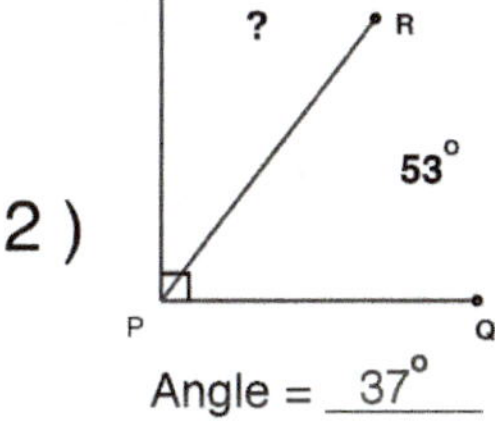

Angle = 37°

3)

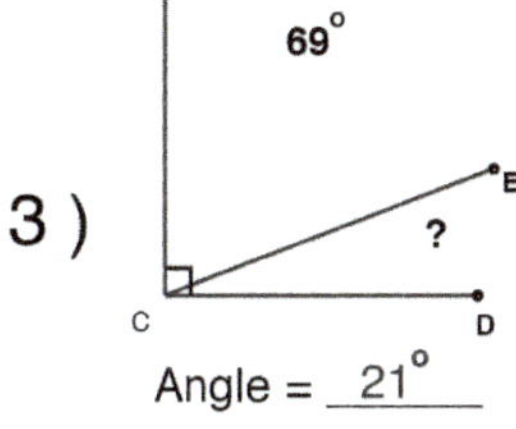

Angle = 21°

4)

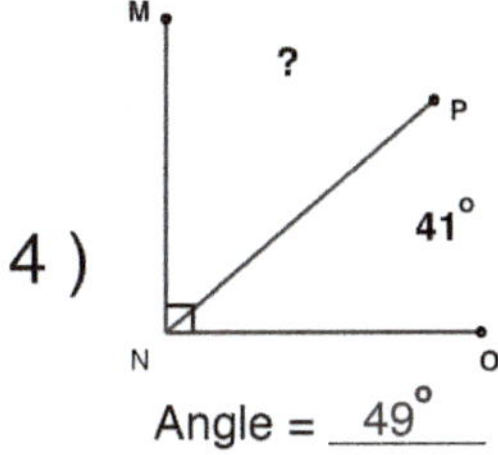

Angle = 49°

5)

E
31°
H
?
F
G

Angle = 59°

6)

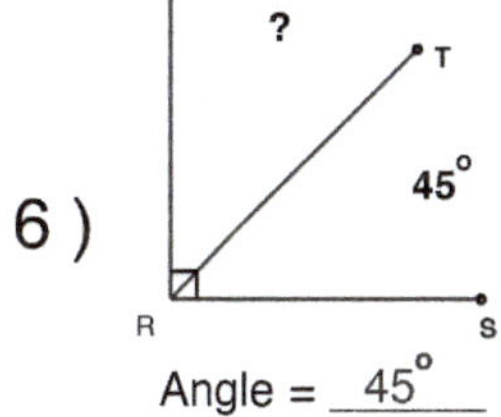

Angle = 45°

7)

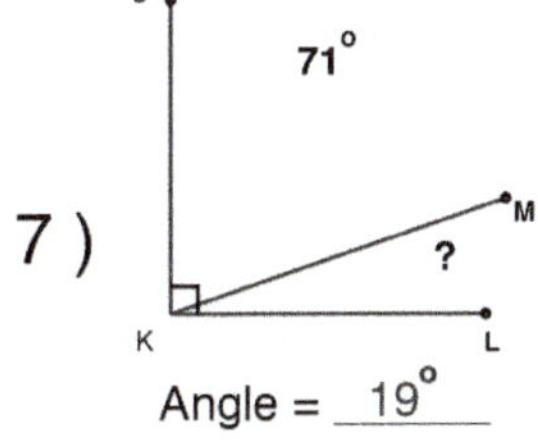

Angle = 19°

8)

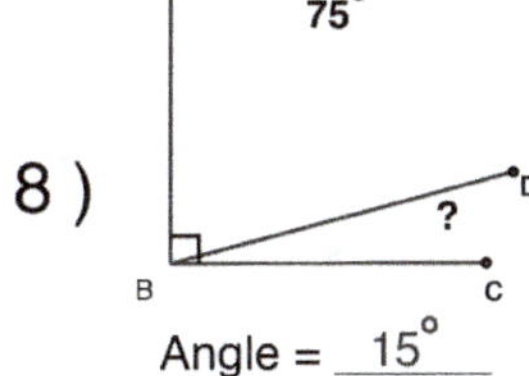

Angle = 15°

9)

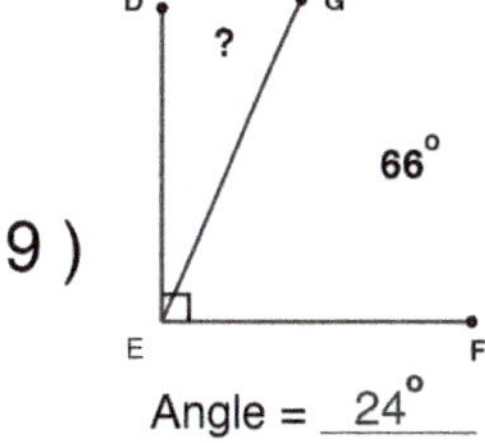

Angle = 24°

www.ingramcontent.com/pod-product-compliance
Lightning Source LLC
LaVergne TN
LVHW060827170826
845678LV00010B/1917

* 9 7 9 8 8 6 9 4 4 4 4 7 9 *